유엔아동권리협약을 만나다

밥장이 그리고 쓰다

한울림

아동권리 옹호를 위한 약속

김경란 초록우산 어린이재단 홍보대사, 아나운서

아이들은 눈빛으로 많은 이야기를 합니다. 참 순수하고 사랑스
럽지요. 하지만 가끔은 두렵고 고단하고 지친 눈빛을 한 아이들
이 눈에 띕니다. 외면해선 안 될 이 아이들 역시 보호받아 마땅
한 소중한 인격체입니다. 이 땅의 아이들이 살아갈 세상을 보다
안전하고 아름답게 만들고 싶습니다. 저부터 작은 것 하나라도
실천하겠습니다.

김복남 보태기교육컨설팅협동조합 이사장

아이들보다 더 많이 경험했다는 이유로 아이들의 의견을 무시하
거나, 가볍게 여기지 않겠습니다. 아이들이 자신의 생각대로 스
스로 결정하고 실행할 수 있도록 최선을 다해 돕겠습니다. 아이
들과 함께 살아갈 이 세상이 돈보다 사람이 더 존중받는 사회가
되는 데 일익이 되는 삶을 살겠습니다.

김지선 1018대안공간 초록리본도서관 공동대표, 방송인

아이들이 해야 할 일을 제대로 못하면, 옆에서 지켜보다 답답하고 속상한 마음에 제가 대신해주며 공연히 짜증을 냈습니다. 이제는 아이들이 스스로 실행하고, 그 뒤에 오는 성취감을 맛볼 수 있도록 기다려주겠습니다.

김윤진 초록우산 어린이재단 홍보대사, 배우

워낙 아이들을 좋아하는 터라 기꺼이 초록우산 어린이재단 홍보 대사를 맡았습니다. 그러면서도 가끔씩 '아이들은 아직 어리니까 잘 모를 거야, 못할 거야.'라는 생각을 하곤 합니다. 나이를 떠나 모든 아동을 자신의 삶을 이끌어갈 수 있는 당당한 인격의 주체로 대우하겠습니다.

노홍철 철든 책방 주인장, 방송인

A-Yo! 어린이, 청소년 친구들~!
좋아, 좋아! 공부를 해도 좋고, 운동을 해도 좋고, 신나게 놀아도 좋으니, 자신이 꼭 하고 싶은 걸 하세요, 꼭이요!!!
어린이, 청소년 친구들의 꿈을 늘 응원할게요.

데니스 홍 로봇공학자, UCLA 교수

아이들이 많은 것을 경험하고, 탐구하고, 호기심을 키울 수 있도록 해주어야 합니다. 지식보다 지혜를 쌓고, 스트레스 받기보다는 사랑을 받고, 능력보다는 꿈을 키울 수 있도록 해주어야 합니다. 아이들이 늘 환하고 건강한 미소를 지을 수 있도록 아이들의 모든 권리를 지지하겠습니다.

마리킴 아티스트

아이들이 말을 듣지 않는다고 걱정하지 마세요.
아이들은 항상 어른들을 보고 배우니까요.
아이들이 닮고 싶어 하는 좋은 어른으로서 하루하루를 살며
아이들을 적극적으로 보호하겠습니다.

문용포 곳자왈 작은학교 교장

아이들이 맘껏 놀고, 맘껏 자신을 드러내며 성장할 수 있도록 돕
겠습니다. 아이들의 건강과 행복을 가로막는 우리 사회의 잘못
된 인식과 정책을 없애는 데 힘을 보태겠습니다.

박현홍 러빙핸즈 대표

내가 아이들에게 해주는 일은 당연히 아이들에게 도움이
될 거라고 생각했습니다. 늘 어른 입장에서 아이들을 바
라봤던 거죠. 앞으로는 아이들과 눈높이를 맞추는 친밀한
어른이 되겠습니다. 나아가 아이들이 자신들에게 실제로
도움이 되는 일을 스스로 선택하고 결정하고 행동할 수
있도록 돕겠습니다.

배성호 전국초등사회교과모임 공동대표, 삼양초 교사

아이들은 우리의 미래를 밝혀갈 희망이기만 한 것이 아닙니다.
우리의 현재인 동시에 지금 이 시대를 함께 살아가는 시민이라
는 점을 명심해야 합니다. 이 아이들과 더불어 살고, 유쾌하면서
도 행복하게 마주할 것을 약속합니다.

손은서 초록우산 어린이재단 홍보대사, 배우

종교와 피부색을 떠나 모든 아이가 권리를 누려야 한다는 생각에 초록우산 어린이재단에서 친선대사로 활동하고 있습니다. 그런데도 아이들이 도움을 요청하는 신호에 민감하지 못할 때가 종종 있습니다. 어른으로서 모든 아이가 자신의 권리를 보호받고, 밝은 미래를 꿈꿀 수 있도록 노력하겠습니다.

여위숙 국립어린이청소년도서관 관장

요보호아동, 장애아동 등에 대한 도서관 서비스를 '배려'라고 생각하던 때가 있었습니다. 모든 아이가 공평하고 자유롭게 도서관 서비스를 받을 '권리'를 누릴 수 있도록 힘쓰겠습니다.

윤소하 국회의원(정의당), 어린이병원비 국가보장법 발의

아이가 아프면 모두가 아픕니다. 그런 만큼 아픈 아이들을 치료할 병원비만큼은 국가가, 더 나아가 우리 사회 전체가 함께 책임져야 합니다. 아이들의 건강을 책임지는 나라를 만들기 위해 국회의원으로서 제가 할 수 있는 일을 모두 하겠습니다.

이원영 사회적기업 놀이나무 대표

아이가 어렸을 때 '너는 아직 모르는 것도 많고, 도움이 필요하다.'는 이유를 들어 부모 마음대로 결정하는 일이 많았습니다. 지금 돌아보니 그 마음속에는 '내가 옳아, 너는 틀렸어.'라는 생각이 숨어있더군요. 어른이나 아이는 사회적인 필요에 따라 구분한 기준일 뿐, 인간으로서의 존엄성은 똑같은데 말이지요.
앞으로는 아이도 그 자체로 존중받아야 하는 인격체임을 잊지 않겠습니다.

이홍렬 초록우산 어린이재단 홍보대사, 방송인

오랜 기간 초록우산 어린이재단 홍보대사로 활동하며 느낀 점이 있습니다. 국가, 피부색, 소득 수준과 상관없이 모든 아이는 존재 자체만으로도 사랑스럽다는 사실입니다. 모든 아이가 차별 없이 사랑받을 수 있도록 더욱 열심히 활동하겠습니다.

채인선 동화작가

이제부터 나는 내 앞에 있는 아이라면, 그가 누구라고 해도 미소를 띄우고, 손을 들어 인사하고, 괜찮다면 꼭 안아주겠습니다. 왜냐하면 나에게는 아이들의 온기가 필요하기 때문입니다. 아이들에게 어른이 필요한 게 아니라, 어른들에게 아이가 필요합니다.

추천글 ● 하나

아동인권에 대해 배울 권리

　좀 오래된 지난 얘기를 해야겠다. 밥장님의 책이 당신의 손에 오기까지 한국 사회가 얼마나 먼 길을 걸어왔는지를 나누고 싶어서이다.

　1994년 어느 날, 묵직한 국제소포를 받았다. 보낸 이는 '아동인권을 옹호하는 민간단체그룹'이란 긴 이름이었다. '이런 데서 어떻게 우리 단체와 주소를 알았지?' '이게 뭐지?' 이런 의문에 앞서 신기하고 낯설기만 했던 게 '아동인권'이란 말이었다. '아동인권?' '아동에게도 그런 게 있나?' 당시 나름 고등교육을 마친 나였지만, '아동인권'이란 말은 교육과정에서 한 번도 들어본 적이 없는 것이었다. 내가 들어본 거라곤 아동에 대한 보호·육성·훈육 같은 것들이었다.

묵직한 소포의 내용물은 영어로 된 것이었는데 표지에 '대한민국 정부'라 돼 있고, 안에는 교육부·법무부 등 정부 부처의 이름이 빼곡했다. 첨부된 편지의 내용은 이러했다.

'유엔아동권리협약에 대해 들어봤느냐? 1989년 유엔총회에서 채택된 이 국제조약에 대한민국 정부도 당사국이다. 당사국은 정기적으로 자국의 아동인권 상황에 대한 국가보고서를 유엔아동권리위원회에 제출해야 한다. 유엔은 정부보고서에 대한 건설적인 평가를 위해 민간단체의 대안보고서 제출을 환영한다. 우리는 세계적으로 유엔아동권리협약의 이행과 실천을 지원하는 국제단체이다. 많은 정부가 적극적으로 알리지 않거나 비밀로 하기에 해당국가의 국민은 물론 인권단체들이 협약 관련 내용과 정부의 활동을 모른다. 우리는 이에 대해 정보를 제공하는 일을 하고 있다. 이번에 처음으로 대한민국 정부의 보고서가 유엔에 제출되었다. 우리는 한국의 관련 단체를 찾아보다가 당신 단체의 주소를 알게 됐고, 당신 나라의 정부보고서를 보낸다. 부디 도움이 되길 바란다.'

한 통의 소포에서 시작된 일은 끝이 없었다. 협약을 찾아 공부해야 했고, 많은 사람과 기관들에 알려야 했고, 아동 당사자나 관련자들에게 권리 내용을 교육해야 했다. 유엔에 보낼 민간보고서를 만들고 유엔 회의를 모니터하고 언론관계자들을 설득해 보도하게 만들어야 했다. 그 과정은 길고 힘들었지만, 한 가지만으로도 의미가 넘치는 일이었다. 그 한 가지란, '한국 사회에서 아동이 겪어왔고 겪고 있는 고통에 제 이름을 찾아준다는 것'이었다. 그리고 해야 할 일은 한국 사회와 아동이 맺고 있는 관계, 아동에게 고통을 강요하는 관계를 바꿔야 한다는 것이었다.

아동은 부모를 잘못 만나거나 운이 나빠서가 아니라 국가가 보호책임을 이행하지 않아서 고통받는 거다. 아동은 건방지거나 방종해서가 아니라 평등한 자유를 누릴 존재이기에 말하고 표현하는 것이다. 아동은 무력하고 유순하여 맘대로 조종하거나 어른이 해주는 대로 받아들이는 존재가 아니라 존중받아 마땅한 존엄성을 가진 존재이다. 따라서 아동은 사회 속의 타 구성원(어른과 국가를 포함)과 존중과 협력의 관계를 맺어야 한다는 것이다. 이런 관계를 규정하고 있는 것이 유엔아동권리협약에 빼곡히 적힌 권리들이다.

인권을 침해하는 것, 상대방의 인격을 존중하지 않는 것의 대표적 사례로 거론되는 것에 '애 취급'이 있다. 비백인, 여성, 장애인, 노인 등 사회 속에서 불리함을 강요당하는 사람들에 대한 대표적 비하와 모욕이 '애 취급'이다. 가령 백인이 흑인 남성을 향해 무조건 'boy'라고 부른다거나 여성을 아이와 더불어 셈하지 않거나 거추장스럽게 여기는 것, 장애인이나 노인을 애 다루듯 대하는 것이다. '애 취급'에 명백한 모욕과 차별이 담겨있다면, 이 모든 불리함 중의 불리함이 '애'의 위치라는 걸 알 수 있다. 한마디로 '애 취급'이란 표현에 아동의 열악한 권리지위가 집약돼 있다.

이제 우리에게는 '애 취급'이 아닌 아동에 대한 '존중'이 절실하다. 존중에는 알려는 노력이 동반된다. 유엔아동권리협약은 아동인권에 대해 배울 권리를 규정하고 있다. 권리에 대해 알 수 있는 권리가 모든 실천의 출발점이다. 하지만 그간 이 실천의 노력은 불균등하고 부족했다. 어른들은 아동인권을 알아야 할 권리와 의무에 게을렀다. 유엔아동권리협약에 대한 소개는 주로 아동을 겨냥한 출판물로 이뤄졌고 어른들은 제쳐두곤 했다. 이런 상황에서 밥장님이 그리고 쓴 이 책은 어른들을 겨냥한 어른의 반성과 다짐을 담고 있다는 점에서 반갑다.

흔히 아동인권이라 하면, 어른이 '생각해준다'는 자세를 취하곤 한다. 생각 '해주는' 게 아니라 생각 '해야만' 하는 것이나. 아동인권에 대한 사유는 어른들의 첫걸음이다. 밥장님은 한 사람의 어른으로서 아동인권에 대한 사유를 시작했고, 동료들을 초대하고 있다. 이 책은 아동인권을 알고 전파하는 책임을 같이하자는 초대이다. 밥장님의 생각은 아동 당사자와 다를 수 있고, 많은 다른 어른들의 것과도 다를 수 있다. 초대의 의미는 '이게 정답이니 들으라.'는 게 아니다. 어느 분야나 그렇겠지만, 권리는 특히 논쟁이 많고 늘 구체적 맥락에서 따지고 점검해봐야 하는 것들로 넘쳐난다. 밥장님의 아동인권에 대한 사유로의 초대는 그 구체적 맥락 속으로 같이 들어가자는 것이다. 한 조항, 한 조항, 그림 속에 빠져들고 읽어가면서 이 초대에 응하는 것이 당신의 아동인권 존중 책임의 출발점일 것이다.

인권연구소 '창' 연구활동가 류은숙

알아야 지킬 수 있을 테니까요

누군가 저에 관해 어떤 약속을 했다는 걸 모른 채 살아왔습니다. 더 이상 그 약속의 주인공이 아닌 나이가 되어서야 알았습니다. 그 약속이 아주 중요하고 내 삶에 큰 영향을 미치는 약속이라는 사실도 뒤늦게 깨달았습니다. 그 약속에 나는 차별받아서는 안 되며, 마음껏 놀아야 하고, 있는 그대로 존중받아야 한다고 적혀있었습니다.

내가 좀 더 일찍 알았다면, 그 약속이 잘 지켜졌다면, 내 삶은 어땠을까 가끔 생각합니다. '조금 더 당당하고, 조금 더 행복했을까?' 이런 생각을 하다 보면 그 약속을 더 많이 알려야 한다는 조급한 마음이 생깁니다. 아이들은 물론이고, 어른과 사회와 국가가 알아야 약속을 지킬 수 있을 테니까요.

그 약속은 바로 '유엔아동권리협약'입니다.

유엔아동권리협약을 널리 알리기 위한 활동 중 하나가 바로 밥장님과 함께 협약 내용을 그림으로 그려 소개하는 일입니다. 눈에 밟히는 그림, 기억에 남는 조항이 있다면 주변 사람들과 이야기 나누며, 그렇게 약속 하나하나를 기억하는 사람들이 늘어나고, 그 약속을 지키기 위해 노력하는 사람들이 많아지기를 기대하면서 말이죠. 그래서 저처럼 약속의 주인공인 줄도 모른 채 자라는 아이들이 더 이상 없기를 바랍니다. 무엇보다 약속을 지켜야 할 당사자이면서도 아무것도 모른 채 살아가는 어른들이 유엔아동권리협약을 잘 알게 되어 약속이 꼭 지켜지기를 바랍니다.

초록우산 어린이재단 복지사업본부 옹호사업팀장 이선영

그래야 덜 부끄러우니까요

"유엔아동권리협약을 그림으로 그려보면 어떨까요?"

초록우산 어린이재단 담당자로부터 신문 연재 제안을 받았을 때는 가뿐한 마음이었습니다. 글을 그림으로 보여주는 게 밥벌이라 어려울 건 없었으니까요. 흔쾌히 승락하니 매주 한 가지 조항을 사례와 함께 보내주었습니다. 일주일에 한 컷씩 그리면서 내가 아동의 권리에 대해 무지하다는 것과 대한민국이 해야 할 일이 참 많다는 사실을 깨달았습니다.

미래학자이자 뉴욕시립대학교 교수인 미치오 카쿠가 쓴 책《마음의 미래》에는 사슴 사냥꾼과 개발업자의 비유가 나옵니다. 숲속에 사는 사슴에게 사슴 사냥꾼이 더 무서울까요, 숲을 개발하는 업자가 더 무서울까요?

정답은 개발업자입니다. 사슴의 입장에서 사냥꾼은 눈에 보이는 위협입니다. 반면 개발업자는 직접 마주칠 일도 없고 총을 쏘지도 않지요. 그런데 개발업자는 '무심히' 숲을 통째로 밀어버립니다. 만약 대한민국에 사는 아동이 연약한 사슴이라면 무심한 개발업자는 과연 누구일까요? 한 사람의 어른으로서 '대한민국 그 자체'란 말이 나올까 싶어 정말 두려운 마음이 듭니다.

그림을 그리고 글을 쓰면서 많은 것을 배웠습니다. 그런데 배우는 게 많아질수록 마음이 불편해졌습니다. 아동의 권리를 알수록 '지금 나는 어떤 어른인가?' 되묻게 되었고, 그럴 때마다 부끄러웠습니다. 그런데도 착한 척, 옳은 척하면서 그림을 그려야 하니 몹시 부담스러웠습니다. 하지만 이 일을 끝까지 해내야 한다는 책임감이 더 컸습니다. 그만두고 싶은 마음보다 유엔아동권리협약을 한 사람에게라도 더 알리고 싶은 마음이 컸던 탓입니다.

유엔아동권리협약은 아동을 가르치려 드는 어른에게 엄중한 경고를 보냅니다. 세계적인 놀이터 디자이너 귄터 벨치히는 그의 저서 《놀이터 생각》에서 어른들이 아동에게 화내는 이유를 이렇게 말합니다. "아이들을 야단치면서 성취감을 느끼기 때문입니다. 날아가는 제트기는 뒤에 대고 야단쳐봐야 무모하고 무력감을 느낄 뿐이지만, 아이들은 야단치면 우리를 무서워하니까요."

아이들을 가르치려고 야단치고 때리는 건지, 아니면 내 말에 복종하는 아이들을 보며 성취감을 느끼려고 야단치는 건지 심각하게 되돌아봐야 합니다. 그래야 아이들에게 덜 부끄러울 수 있습니다.

이 책이 완성되기까지 큰 힘이 되어준 초록우산 어린이재단의 이선영 팀장과 채희옥 님께 감사드립니다. 40개의 조항을 끝까지 그려낼 수 있도록 꼼꼼하게 사례를 정리해주셔서 마무리할 수 있었습니다. 또한 거친 그림과 원고를 책으로 펴낼 수 있도록 잘 다듬어준 한울림출판사 편집부에게도 고맙다는 말씀을 전하고 싶습니다.

이 책을 읽은 모든 분들의 마음속에 유엔아동권리협약 조항들이 깊이 뿌리박히길 바랍니다. 그리고 잊지 마세요. 아이들에게 꼭 맞는 세상이 모든 사람들에게도 꼭 맞는 세상입니다. 아이들에게 꼭 맞는 세상은 모두가 행복한 세상입니다.

가을 문턱에서 밥장

유엔아동권리협약이란

1989년 11월 20일, 유엔은 아주 특별한 문서 하나를 만들었습니다. 전 세계 아동이 안전하고 행복하게 살 수 있도록 아동의 모든 권리를 문서에 담아 국제법으로 승인한 것입니다. 바로 유엔아동권리협약(United Nations Convention on the Rights of the Child, UNCRC)입니다.

유엔아동권리협약은 인권 역사에서 볼 때 아주 중요한 가치가 있습니다. 공식적인 문서를 통해 처음으로 아동도 권리가 있다는 사실을 전 세계가 인정했기 때문입니다. 유엔아동권리협약은 1990년 10월 2일 발효되어 2016년을 기준으로 우리나라를 포함한 전 세계 196개국이 비준하고 있습니다.

유엔아동권리협약은 만 18세 미만의 모든 아동에게 적용됩니다. 협약은 전문과 54개 조항으로 구성되어 있으며, 1조부터 40조까지 실제적인 아동권리 내용을 담고 있습니다. 모든 권리들은 서로 연관되어 있으며, 모두 똑같이 중요합니다.

아동의 4대 기본권

1. **생존의 권리** Right to Survival   아동은 살아가는 데 필요한 모든 것들을 충분히 누릴 권리가 있습니다. 안전한 주거환경에서 충분히 영양분을 섭취하며 기본적인 의료 서비스를 누리는 것 등이 여기에 포함됩니다.

2. **보호의 권리** Right to Protection   아동은 자신에게 해가 되는 것으로부터

보호받을 권리가 있습니다. 특히 학대와 차별, 폭력, 억울한 처벌, 약물, 노동력 착취 등으로부터 보호받아야 합니다.

3. 발달의 권리 Right to Development   아동은 자신의 능력을 깨우치고 발달시킬 권리가 있습니다. 교육과 문화생활, 여가 활동, 정보수집의 자유 등이 여기에 해당됩니다.

4. 참여의 권리 Right to Participation   아동은 또한 사회의 주인으로서 능동적으로 사회활동에 참여할 권리가 있습니다. 자신의 의견을 표현하거나 단체에 가입하고 집회를 열 수 있는 권리가 여기에 포함됩니다.

아동권리협약의 기본 원칙

차별 금지 Non-Discrimination   아동은 자신이나 부모님이 어떤 인종이건, 어떤 종교를 믿건, 어떤 언어를 사용하건, 부자건 가난하건, 장애가 있건 없건 관계없이 모두 동등한 권리를 누려야 합니다.

아동 최상의 이익 최우선 Devotion to Best Interests of the Child   아동에게 영향을 미치는 모든 사안을 결정할 때는 아동 최상의 이익을 최우선으로 고려해야 합니다.

생존과 발달 The Right to Life, Survival and Development   아동은 특별히 생존과 발달을 보호받고 지원받아야 합니다.

아동 의견 존중 Respect for the Views of the Child   아동은 자신의 능력에 맞게 적절한 사회활동에 참여할 기회를 갖고, 자신에게 영향을 미치는 일에 대하여 의견을 말할 수 있어야 하며, 그 의견을 존중받아야 합니다.

차례

"우리는 아이들에게 꼭 맞는 세상을 원해요.
아이들에게 꼭 맞는 세상은 모든 사람에게도
꼭 맞는 세상일 테니까요."

1살   8살   13살   17살.

이 중에서 '아동'은 누구?

1조 아동의 범위

아동이란 누구일까요?

미리 고백합니다. 초록우산 어린이재단에서 알려주기 전까지
유엔아동권리협약이 있는지도 몰랐습니다. 읽어보니 몹시 딱딱했습니다.
그림으로 보여주면 훨씬 쉬울 것 같았습니다. 그렇게 이야기했더니
한 주에 한 조항씩 그림을 그려 신문에 연재해 보자고 하더군요.
이렇게 시작해서 1년이 지나자 한 권의 책이 되었네요.
처음으로 그린 조항이 1조 아동의 범위입니다.
아동. 누구나 잘 안다고 여기지만 정확히 모릅니다.
아동이란 '만 18세가 되지 않은 모든 사람'입니다.
갓난아기도, 어린이도, 청소년도 모두 아동입니다!
여러분도 '정확히' 알고 있었나요?

아동은 만 18세가 되지 않은 모든 어린이와 청소년입니다

유엔아동권리협약은 이 협약에 적혀 있는 모든 권리의 주인인 아동이 누구인지 밝히며 시작합니다. 아동이란 '만 18세가 되지 않은 모든 어린이와 청소년'입니다. 협약에서 아동의 나이를 만 18세 미만을 기준으로 한 이유는 '어른이 아니라는 이유로' 권리를 무시당하기 쉬운 사람 모두의 권리를 확인하고 보장하기 위해서입니다. '최대한 넓은 범위의 사람'을 보호하려는 거지요. 아동은 아직 성인이 아니라는 이유로 권리를 침해당할 위험이 있기 때문에 국가는 특별히 아동을 보호할 의무를 갖습니다.

그런데 나라마다 역사와 문화의 차이가 있어 법적으로 규정하는 아동의 나이가 다를 수 있습니다. 만약 만 18세가 되지 않은 아동이라도 결혼하면 성인이 된다는 법 규정이 있다면 어떻게 될까요? 자신의 뜻과 상관없이 결혼하는 순간부터 아동으로서 보호받을 수 있는 권리를 잃게 됩니다.

그래서 유엔아동권리위원회에서는 유엔아동권리협약에 서명한 모든 회원국에게 아동 관련 법 규정에서 아동의 나이를 정할 때 협약의 모든 조항과 일반원칙을 참조하도록 권고합니다. 만 18세가 되지 않은 모든 어린이와 청소년을 아동이라는 이름으로 보호하기 위해서입니다.

사실 그동안 저는 아동이 갓난아이부터 초등학생까지라고 막연하게 생각하고 있었습니다. 잘못 알고 있었던 거죠. 그런데 아동이 누구인지 모르는 건 저뿐만이 아닌가 봅니다.

아동과 관련된 우리나라 정부 부처만 보더라도 법으로 정한 아동의 범위가 제각각입니다. 아동복지법에서는 유엔아동권리협약과 같은 만 18세 미만의 모든 사람입니다. 그런데 유아교육법에서는 만 3세부터 초등학교 취학 전까지만 아동입니다. 형법에서는 만 14세 미만, 민법에서는 만 19세 미만입니다.

기준이 다르다 보니 아동권리를 위한 일관된 정책을 마련하거나 꾸준하게 사업을 벌이기 어려울 수밖에 없습니다.

그렇다면 아동 자신은 제대로 알고 있을까요? 초록우산 어린이재단은 아동 6천여 명에게 누가 아동인지 물었습니다. 초등학생인 만 12세까지라고 답한 아동이 28.9퍼센트로 가장 많았고, 정확히 만 18세 미만인 사람이라고 대답한 아동은 13.3퍼센트에 불과했습니다. 어른들도 제대로 알지 못하니 어찌 보면 당연한 일일까요?

유엔아동권리협약은 아동의 권리를 지키기 위한 국제적인 협약으로, 소중한 약속입니다. 누가 아동인지 어른과 아동 모두 분명하게 아는 것, 소중한 약속을 지키는 첫걸음입니다.

[1조] _____

아동은 법에 의해 더 이른 나이에 성인이 되지 않는 한, 만 18세 미만인 모든 사람이다.

알고 보면 우린 모두 같아요.

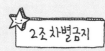

2조 차별금지

알고 보면 다 똑같아요

지금 대한민국에는 한국인과 결혼해 국내에 머무르는 사람만
20만 명이 넘습니다. 출신이 다르고 피부색과 종교가 달라도
모두 같은 인류입니다. 더군다나 우리 안에 이미 한족, 몽골인, 만주인,
일본인 기타 남방 계통의 유전자가 더해져 있습니다.
'우리는 한민족'이란 신화에만 갇혀있다면 현실을 제대로
볼 수 없습니다. 짐바브웨 사람이나 스웨덴 사람이나
대한민국 사람이나 유전적으로 보면 똑같습니다.
모두 호모 사피엔스 사피엔스입니다.
그런데도 자꾸 다르다고 외친다면 '슬기롭고 슬기로운 사람'이란
말이 무색해지지 않을까요?

아동은 어떤 경우라도 차별받지 않아야 합니다

우리나라는 '차별만큼은 다양하다'고 할 만큼 부끄러운 실정입니다. 소득과 교육, 지역, 장애, 인종, 종교 등 차별 이유도 다양하고, 차별하는 방법도 몹시 창의적입니다.

먼저 학교에는 이름 앞에 '다문화'를 붙여 '다문화 박○○'이라고 불리며 차별받는 아이들이 있습니다. 부모가 우리나라로 이주한 외국인이거나 부모 중 한 명이 외국인일 때, 특히 결혼 이민자 자녀들을 이렇게 부릅니다. 만약 저를 "야, 다문화 밥장아!"라고 부르면 저는 몹시 기분 나쁠 것 같습니다.

국가로부터 지원받는 아이들도 종종 왕따를 당합니다. 한 초등학교에서 학교 홈페이지 공지사항에 수학여행 계획을 올리면서 몇몇 학생들의 이름을 명시한 뒤, '위 학생들은 기초생활 수급자로 수학여행에 전액 무료로 참가한다.'고 적은 일이 있었습니다. 이런 세심하지 못함이 곧바로 차별로 이어집니다.

모든 아동은 부모가 백인이든 흑인이든, 영어를 쓰든 한국어를 쓰든, 서울말을 쓰든 사투리를 쓰든, 어떤 종교를 믿든지, 또한 장애인이건 아니건, 부유하건 가난하건 관계없이 이 협약에 적혀있는 모든 권리의 주인입니다.

하지만 아동은 늘 쉽게 차별받고 무시당할 위험에 처해 있습니다. 그래서 유엔아동권리위원회는 회원국들에게 특별한 보호가 필요한 아동이나 아동집단을 확인하고, 그들의 권리를 보호하기 위해 애써야 한다고 권고합니다.

우리 사회에서 차별을 없애기 위해서는 사람들의 태도나 인식을 바꾸려는 노력을 꾸준히 해야 합니다. 우리가 '정상'이라고 여기는 모습도 사실 한 마디로 정의할 수 없는 '허구'입니다. 그런데도 많은 사람들이 자신과 조금만 달라도 비정상이라며 쉽게 차별합니다.

차이와 차별은 그리 멀지 않습니다. 함께하는 사람들이 다름을 어떻게 받아들이느냐에 달려있을 뿐입니다. 아이들 앞에 놓인 다양한 상황이나 특성을 고려하지 않은 채 다르게 보이는 이유, 차이에만 집중한다면 그 자체가 또 다른 차별이 될 수도 있습니다.

다름 그 자체는 아무런 문제가 아닙니다. 다름에 대한 편견이 차별을 만듭니다.

[2조]

1. 협약 당사국(이후 '국가'라 한다)은 아동이나 부모, 법정후견인의 인종과 피부색, 성별, 언어, 종교, 이념, 출신, 재산, 장애 여부, 태생이나 신분 등에 관계없이, 그리고 차별 없이 이 협약에 규정된 권리를 존중하고, 모든 아동에게 이를 보장해야 한다.

2. 국가는 아동이 부모나 후견인 또는 다른 가족의 신분과 활동, 의견이나 신념을 이유로 어떠한 차별이나 처벌도 받지 않도록 보호하는 모든 적절한 조치를 취해야 한다.

REMEMBER 20140416

아동이 먼저입니다!

세월호 참사는 대한민국 역사에서 지울수없는 상처를 남겼습니다.

진실이 밝혀질수록 어른들이 만들어놓은 잘못된 틀에 갇혀

아이들이 희생되었다는 생각을 지울 수 없습니다.

우리 어른들 모두 끊임없이 반성하면서 제2, 제3의 세월호 참사가

일어나지 않도록 이를 악물어야 합니다.

돈, 효율, 경쟁, 비리, 권력보다 중요한건 아동입니다.

'아이들에게 맞는 세상은 모든 사람들에게도 맞는 세상*'이기 때문입니다.

(*2002년 유엔총회 아동특별세션에 참가한 아동대표
가브리엘라 아주리 아리에타_Gabriela Azurduy Arrieta
(13세, 볼리비아)가 발표한 성명서 중에서 인용했습니다.)

아동의 이익을 가장 먼저 생각해야 합니다

아동권리의 선구자이자 세이브더칠드런의 창립자인 에글렌타인 젭은 "인류는 자신이 줄 수 있는 최상의 것을 어린이에게 주어야 한다."고 이야기했습니다. 그녀는 아동을 단순한 보호의 대상이 아닌, 주체적인 인격체로 존중해야 한다는 믿음으로 평생 아동구호를 위해 애썼습니다.

우리는 지금 그녀의 말처럼 아이들에게 최상의 것을 주고 있을까요?

모든 일에 아동 최상의 이익을 가장 먼저 고려해야 한다는 건, 국가는 물론 사회복지기관이나 법원이 아동에게 영향을 미치는 일을 할 때는 아동에게 가장 보탬이 되는 쪽으로 해야 한다는 의미입니다. 특히 자연재해나 전쟁이 벌어지는 긴박한 상황에서는 이 책무를 더욱 적극적으로 지켜나가야 합니다.

그런데 만약 우리 사회가 아동의 이익을 가장 먼저 고려하지 않는다면 어떻게 될까요? 아이들에겐 그대로 폭력이 될 수 있습니다. 예를 들어 우리나라는 저소득층 아동에게 급식 바우처를 제공합니다. 그런데 바우처를 사용하려면 아이들 스스로가 급식 대상임을 드러내야 합니다. 이로 인해 아이들은 마음의 상처를 받고 친구들한테 왕따를 당하기도 합니다.

이렇듯 우리 사회는 어떻게 해야 아동에게 가장 이익이 되는지를 고려하기보다 어른들에게 도움이 되거나 그저 어른들 편한 대로 하는 경우가 많습니다.

그런 의미에서 세월호 참사는 우리 모두에게 가슴 아픈 교훈을 남 겼습니다. '아동 최상의 이익을 최우선'으로 생각했다면, 시스템이나 행정을 따지기 전에 어떻게든 아이들부터 구했을 겁니다. 진실이 밝혀 질수록 어른들의 이기심에 아이들이 희생되었다는 생각을 지울 수가 없습니다.

"우리는 아이들에게 꼭 맞는 세상을 원해요. 아이들에게 꼭 맞는 세상은 모든 사람들에게도 꼭 맞는 세상일 테니까요."

2002년 유엔총회 개막식에서 아동 대표가 낭독한 유엔아동특별총 회 결의안에 담긴 글입니다. 아이들에게 꼭 맞는 세상이 더 이상 희망 사항이 아닌, 눈앞의 현실이 될 수 있기를 바랍니다.

[3조]

1. 공공·민간 사회복지기관, 법원, 행정당국, 입법기관 등은 아동에 관한 모든 활동에 있어서 아동에게 최 상의 이익이 무엇인지 최우선으로 고려해야 한다.

2. 국가는 아동의 부모, 법정후견인 또는 아동에 대한 법적 책임자의 권리와 의무를 고려해, 아동복지에 필요한 보호와 배려를 아동에게 보장하고, 이를 위해 입법적, 행정적으로 모든 적절한 조치를 취해야 한다.

3. 국가는 아동보호와 배려에 책임 있는 기관과 시설이 관계당국의 기준, 특히 안전과 위생분야에서 직원 의 수와 자질, 관리감독의 기준을 지키게 하고, 이를 보장해야 한다.

아이들을 잘 돌볼 수 있는 시스템이 있어야 합니다.

아이들을 잘 돌보는 나라입니까?

2017년 통계청이 발표한 '출생통계'에 따르면
우리나라 여성 1명이 평생 낳을 것으로 예상되는
합계출산율은 1.17명입니다. OECD 회원국 중에 최하위입니다.

아이들이 많아지려면 많이 낳아야 합니다. 많이 낳으려면
잘 키울 수 있다는 확신이 들어야 합니다. 확신이 생기려면
아이들을 잘 돌볼 수 있는 시스템이 있어야 합니다.
'대한민국은 아이들을 잘 돌보는 나라입니까'라는 질문이
우리의 미래를 좌우한다면 지나친 비약일까요?

국가는 아동권리를 위해 필요한 모든 일을 해야 합니다

이 조항은 유엔아동권리협약을 실행하는 데 국가가 어떤 일을 해야 하는지 알려줍니다. 우선 협약에 서명한 국가는 국내법과 유엔아동권리협약이 양립하도록 해야 합니다. 특히 2조 차별금지, 3조 아동 이익 최우선의 원칙, 6조 생존권과 발달권, 12조 아동의 의견 존중 같은 일반 원칙들은 국내법에 꼭 반영해야 합니다.

우리나라도 1991년 유엔아동권리협약에 서명하였습니다. 그렇다면 앞서 말한 의무를 얼마나 지키고 있을까요?

먼저 우리나라 헌법부터 살펴봅니다. 헌법 34조 4항에는 '국가는 노인과 청소년의 복지 향상을 위한 정책을 실시할 의무를 진다.'고 되어 있습니다. 아동이 빠져 있습니다! 이 조항부터 '국가는 노인과 아동의 복지 향상을 위한 정책을 실시할 의무를 진다.'로 바꿔야 합니다.

다음으로 협약에 서명한 국가는 아동권리를 보호하기 위해 '쓸 수 있는 자원을 최대한 활용해야' 합니다. 이 의무는 얼마나 지키고 있을까요? 나라 살림이 어렵다는 이야기가 나올 때마다 아동복지예산이 어김없이 도마 위에 오르는 게 우리의 현실입니다. 경제 상황이나 이런저런 핑계로 아동복지와 관련된 예산이 자꾸 뒤로 밀리기도 합니다. OECD 국가의 아동·가족분야 공공지출은 국내총생산(GDP) 대비 평균 2.2퍼센트인데 비해 우리나라는 절반인 1.1퍼센트로 OECD 회원국 중 최하위에 속합니다.

그나마 확보된 예산도 항상 부족해 언제 중단될지 모릅니다. 무료

급식을 먹는 아이들이나 보육료를 지원받는 부모들은 늘 불안합니다. 보편적 급식인 '밥'과 누리과정인 '돌봄'은 아이들의 기본적인 권리입니다. 그런데도 정부와 지자체는 서로 책임을 떠넘기느라 바쁩니다.

예산이 줄어들수록 아동보호 전문인력은 열악한 처우로 현장을 떠날 수밖에 없습니다. 유엔아동권리위원회는 아동보호와 관련된 직업을 사회적으로 가치 있게 여기고 적절한 보수를 지급하라고 권고합니다. 아동과 함께하는 사람들을 어떻게 대하느냐에 따라 아동의 삶의 질도 달라지기 때문입니다.

한 국가의 예산 정책은 지금 그 나라가 무엇을 고민하고 어떤 가치를 추구하며 살아가는지 알려줍니다. 한마디로 삶의 질을 결정합니다. 가난한 나라든 부자 나라든, 아이들은 삶을 위협하는 모든 요소로부터 보호받으며 건강하고 행복하게 자랄 권리가 있습니다.

아동복지정책은 국가가 베푸는 시혜가 아닙니다. 아동이 누려야 할 당연한 권리이며, 국가가 지켜야 할 의무라는 사실을 잊지 말아야 합니다.

[4조] _____

국가는 이 협약에서 명시한 권리를 실현하기 위해 입법적, 행정적 조치를 비롯한 모든 적절한 조치를 취해야 한다. 경제적·사회적·문화적 권리에 관해서는 국가가 쓸 수 있는 자원을 최대한 투여하되, 필요하다면 국제협력을 통해 조치를 취해야 한다.

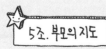

5조. 부모의 지도

엄마, 아빠도 처음부터 어른은 아니었잖아요

학생들에게 강의할 때마다 '부모님 말씀만 들으면

부모님보다 못한 사람이 된다'고 말합니다.

세상은 넓은데다가 자꾸 바뀝니다.

엄마, 아빠도 잘 모르는, 결코 알 수 없는 또 다른 세상이 있습니다.

그러니 엄마는 엄마대로, 아빠는 아빠대로

그리고 자식은 자식대로 원하든 원치 않든

각자 제 길을 찾아 나설 수밖에 없습니다.

부모는 아동의 능력발달에 맞춰 지도해야 합니다

이 조항은 부모를 포함한 아동의 모든 보호자가 아동을 어떻게 돌보고 가르쳐야 하는지에 대해 설명하고 있습니다. 특히 '아동의 능력발달에 맞추는 방법'에는 이른바 아동의 '지속해서 진화하는 능력'이라는 중요한 개념이 담겨있습니다.

흔히 어른들은 아동을 미성숙하거나 부족한 존재로 여깁니다. 하지만 미국의 교육학자 존 듀이는 '미성숙'을 '부족함'이 아니라 '성장할 수 있는 힘'으로 재해석했습니다. 미성숙하기 때문에 오히려 성장할 수 있는 힘이 있다는 겁니다.

그런데 아직도 많은 나라들이 어른의 권위를 강조하며 아동을 의존적이고 수동적인 존재로 여깁니다. 게다가 부모들은 '자신의 기준'으로 아이를 성공시키는 게 자신의 역할이라 믿습니다. 오죽했으면 자녀 주위를 헬리콥터처럼 빙빙 맴돌며 시시콜콜 간섭하는 '헬리콥터 부모', 자녀의 성공에 걸림돌이 되는 장애물을 앞장서서 없애주는 '잔디깎이 부모'라는 말이 등장했을 정도입니다.

부모를 포함한 아동의 보호자는 아이를 가르쳐야 하는 '대상'이 아니라 성장하려고 준비하는 '주체'로 여겨야 합니다. 호기심을 자연스럽게 받아주고, 스스로 능력을 키울 수 있도록 충분히 기회를 주어야 합니다. 아동을 '지속해서 진화하는 능력을 바탕으로 끊임없이 변하는 존재'로 여기는 일에서부터 아동권리의 보호는 시작됩니다.

아동에게는 스스로 성장할 수 있는 능력뿐만 아니라 자신만의 관심과 욕구가 있습니다. 그러니 아동이 발달 수준에 맞게 자신의 욕구도 쫓을 수 있게 해줘야 합니다. 또한 스스로 선택하고 결정할 수 있는 능력도 키워주고, 자존감도 세워줘야 합니다. 이렇게 모든 아동이 '지속해서 진화하는 능력'을 마음껏 발휘할 수 있을 때 아동권리는 더욱 크게 실현됩니다.

"어린이는 결코 부모의 물건이 되려고 생겨 나오는 것도 아니고, 어느 기성사회의 주문품이 되려고 나오는 것도 아닙니다. 그네는 훌륭한 한 사람으로 태어나오는 것이고, 저는 저대로 독특한 한 사람이 되어갈 것입니다."

오래 전 방정환 선생님이 남긴 말입니다. 모든 아이가 '저는 저대로 독특한 한 사람'이 될 수 있도록 지속해서 진화할 수 있는 능력을 존중해주시길 바랍니다. 지나친 관심과 애정은 자칫 아이들만의 고유한 능력을 꺾어버릴 수 있습니다.

[5조]
아동이 이 협약에서 명시한 권리를 행사함에 있어, 부모나 현지 관습에 의한 확대가족, 공동체 구성원, 법정후견인 또는 아동에 대한 법적 책임자들이 아동의 능력발달에 맞게 지도하고 감독할 책임과 권리, 의무가 있음을 국가는 존중해야 한다.

"아동의 생존권과 발달권 보장은 아동의 권리를 실현하는 데 있어 가장 기본적이고 중요한 요소입니다. 우리는 세상에 태어나 지금 우리와 함께 살고 있는 아동들을 지켜내야 합니다. 아이들은 제 스스로 하나의 생명이자, 우리의 역사를 이어가는 소중한 존재입니다."

먹고살기 어려운데
아이들까지 챙기는 건…

6조 생존권과 발달권

아이들이 사라지면 나라도 사라져요

우리는 지금 아이들의 생명을 지키지 못하는 세상에서 살고 있습니다.

재레드 다이아몬드는 《문명의 붕괴》에서 숲이 무성했던

이스터 섬이 어떻게 폐허가 되었는지 자세히 알려줍니다.

무엇보다 '마지막 남은 나무 한 그루는 누가 베었을까?'라는

질문이 가장 기억에 남습니다.

이스터 섬은 가파른 절벽에서 떨어지듯 끝장나 버렸습니다.

아직까지 괜찮다며 자꾸 미루다보면 대한민국에서

마지막 아이가 사라지는 순간도 느닷없이 찾아올지 모릅니다.

아이들이 지워진 나라에는 미래가 없습니다.

아동은 살아있을 권리, 건강하게 성장할 권리가 있습니다

아동의 생존권과 발달권 보장은 아동의 권리를 실현하는 데 있어 가장 기본적이고 중요한 요소입니다. 그럼 국가가 해야 할 일은 무엇일까요?

무엇보다도 아동의 생명과 안전을 위협하는 질병이나 사고를 줄이고 예방해야 합니다. 학내와 폭력으로부터 아동을 보호해야 합니다. 고의로 아동의 목숨을 앗아가는 모든 범죄행위를 막아야 합니다. 만약 아동이 사망했다면 철저히 조사하여 원인을 밝히고 책임을 물어 똑같은 일이 반복되지 않도록 해야 합니다. 또한 아동의 자살을 줄이기 위해 적극적으로 노력해야 합니다.

그런데 뉴스를 보면 '지금, 여기'에서 자라는 아동에게 끔찍한 일들이 하루가 멀다 하고 벌어집니다. 아동의 생명에 관한 고유한 권리가 심각하게 위협받고 있습니다. 소풍 가고 싶다며 울던 아이가 엄마에게 매 맞아 사라집니다. 해외입양을 간 세 살 아이가 미국 양아버지의 학대로 사라집니다. 수학여행을 가던 아이들이 차가운 바다 속으로 사라집니다.

심지어 학교폭력으로 남몰래 울던 아이들과 성적과 진학문제로 고민하는 아이들은 스스로 사라지는 걸 선택합니다. 2010년부터 지금까지 10대 사망 원인 1위는 변함없이 자살입니다. 2017년 통계청 자료에 따르면 10대 자살률은 2000년부터 2009년까지 무려 329퍼센트나 증가했습니다. 초등학생들이 자살하는 비율도 꾸준히 늘고 있습니다.

집에서, 학교에서, 사회에서 수많은 아동들이 죽음으로 문제를 세상에 드러내고 있습니다. 우리는 지금 아이들이 사라지는 세상, 아이들의 생명을 지키지 못하는 세상에서 살고 있습니다. 이제라도 생명 하나하나에 절실하게 매달려야 합니다. 세상에 태어나 지금 우리와 함께 살고 있는 아동들을 지켜내야 합니다. 아이들은 제 스스로 하나의 생명이자, 우리의 역사를 이어가는 소중한 존재입니다.

세월호 사건을 겪으며 아이들의 생명을 제대로 지키지 못하는 사회가 얼마나 고통스러운지 가슴 아프게 느꼈습니다. 아동의 생존권과 발달권은 반드시 국가가 보장해야 하는 아동권리의 기본이라는 사실을 잊어서는 안 됩니다.

'살아있음'이 권리입니다. 대한민국이 조건 없이 아이들 생명을 지켜주는 나라가 되는 날을 꿈꿔 봅니다.

[6조]

1. 국가는 모든 아동이 고유한 생명권을 가지고 있음을 인정한다.
2. 국가는 아동의 생존과 발달을 최대한 보장해야 한다.

대한민국에는 2만 명의 아동이 투명인간이에요

우리나라는 아동이 태어나면 부모가 출생신고를 합니다.

출생신고를 해야 대한민국에서 법적으로 보호받는 존재가 됩니다.

만약 출생신고가 되기 전에 아동이 버려지거나 살해되면

아무도 알 수 없습니다. 더구나 출생등록제도가 없어서 많은 아동이

대한민국에 태어나자마자 '그림자 아동'이 됩니다.

이런 아동들이 무려 2만 명이나 됩니다.

모두 대한민국에 살지만 법적으로 존재하지 않는 투명인간들입니다.

대한민국이 정말 사람을 위하는 인권국가라면

더 이상 투명인간을 만들어서는 안 되겠죠?

아동은 이름과 국적을 가질 권리가 있습니다

아동은 태어나는 순간 국적과 이름을 갖고, 부모를 알고, 부모에게 양육받을 권리가 있습니다. 당연하게 여길 수 있지만, 놀랍게도 세계의 많은 아이들이 이 당연한 권리를 누리지 못하고 있습니다. 우리나라에도 2만 명쯤으로 추정되는 아이들이 출생등록이 되지 않아 존재조차 인정받지 못한 채 살고 있다는 걸 아십니까?

출생등록은 국가가 아동의 존재를 인식하는 첫 공식절차입니다. 아동 한 명 한 명의 중요성을 국가가 인정하고 아동의 신분을 법적으로 보장한다는 뜻입니다. 그런데 만약 출생등록이 되어 있지 않으면 어떻게 될까요? 자연히 보건, 복지, 교육 등 아동으로서 누려야 할 혜택을 받을 수 없습니다. 또한 생년월일을 확인할 수 없어 나이를 알 수 없다는 이유로 아동으로서 보호받지 못하거나 차별받을 수도 있습니다. 심지어 부모에게 버림받거나 범죄로 피해를 입어도 아무런 보호 조치를 받을 수 없습니다.

그렇다면 우리나라는 출생등록 제도를 어떻게 운영하고 있을까요? 우리나라에서는 아이가 태어나면 어머니나 아버지가 출생증명서를 작성하여 1개월 내에 태어난 곳에 출생신고를 하도록 법으로 규정하고 있습니다. 문제는 부모가 출생신고를 하지 않으면 국가는 아이의 존재를 알 수 없다는 점입니다.

미등록 이주민이 아이를 낳은 후 보호시설에 몰래 버린 사건이 언론 보도를 통해 세상에 알려졌습니다. 출생신고를 하면 신분이 들통 나 부모와 아이 모두 본국으로 강제 송환됩니다. 하지만 신고하지 않고 보호시설에 버리면 아이는 고아가 되는 대신 대한민국 국적을 얻을 수 있다는 게 이유였습니다.

게다가 대한민국 국적법은 부모가 외국인이면 우리나라에서 태어나도 대한민국 국적을 취득할 수 없습니다. 부모의 국적에 따라 아동의 국적을 결정하는 속인주의 원칙을 택하고 있기 때문입니다. 그런데 만약 부모의 출신국가에서는 아동에게 태어난 나라의 국적을 취득하도록 하는 속지주의 원칙을 택하고 있다면 어떻게 될까요? 이 아동은 졸지에 '그림자 아이', '무국적 아동'이 됩니다.

서울대 사회복지학과 이봉주 교수는 한 칼럼에서 "부모가 내 자식이라고 신고해야 시민권을 인정하는 것은 전근대적인 제도"라고 지적한 바 있습니다. 지금처럼 출생신고를 부모에게만 맡겨서는 안 됩니다. 아동은 태어나자마자 즉시 등록되어야 합니다.

분명 이 세상에 태어났는데도 존재하지 않는 '그림자 아동'은 더 이상 없어야 합니다.

[7조]

1. 아동은 출생 후 즉시 등록되어야 하고, 출생 시부터 이름과 국적을 가질 권리가 있으며, 가능한 부모를 알고 부모에 의해 양육받을 권리가 있다.
2. 국가는 아동의 이러한 권리를 보장할 국내법 및 관련 국제문서 상 의무가 있으며, 무국적 아동이 존재할 경우 특히 그러하다.

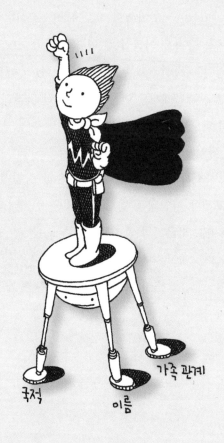

국적, 이름, 가족관계. 이 세가지는 꼭 지켜주세요

내가 '나'라는 걸 증명하려면 무엇이 필요할까요?

먼저 이름이 있어야 하고 부모가 누군지 알아야겠죠.

그리고 어느나라 사람인지도 중요합니다.

이름, 가족관계, 국적은 신분을 알려주는 가장 기본적이고 중요한 정보입니다.

그런데 신분이 아예 없거나 심지어 있는 신분마저 빼앗기는 일이 벌어집니다.

사람은 태어나면서부터 '나'라는 권리를 가집니다.

그러므로 국가는 누구에게나 신분을 마련하고 보존해 주어야 합니다.

아동은 신분을 보존할 권리가 있습니다

이 조항은 유엔아동인권위원회에서 1970~1980년 아르헨티나 군사정권 아래 사라진 아이들 문제로 씨름하던 중 아르헨티나 출신 한 위원이 제안했다고 합니다. 당시 아르헨티나에서는 군사정군에게 끌려가 실종, 고문, 사망한 사람들의 자녀를 찾기 위한 인권운동이 일어났습니다. 이 과정에서 사라진 아동의 신원을 확인하거나 가족을 되찾아주는 일이 큰 문제로 부상했습니다.

아동권리를 보장받기 위해 아동이 특별히 보존해야 하는 신분은 국적, 이름, 가족관계 세 가지입니다. 이는 아동이 자신의 존엄성을 인정받고, 안전하게 보호받고, 권리를 누리는 데 꼭 필요합니다.

하지만 우리 주변에는 가족관계를 박탈당하면서 신분까지 빼앗기는 아이들이 의외로 많습니다. 언론 보도를 통해 알려진 A군(당시 5세)의 경우가 그 대표적인 사례입니다.

A군은 한국인 아버지와 베트남 출신 어머니 사이에서 태어났습니다. 하지만 일 년 뒤, 아버지가 세상을 떠나고 어머니마저 집을 나가버리면서 고아가 됐습니다. 다행히 고모에게 입양되었는데, 뒤늦게 아버지 유품에서 A군이 친자가 아니라는 유전자 검사서가 발견되면서 파양을 당했습니다. 게다가 법원에서 무국적 아동으로 판결받아 A군은 국적과 호적까지 말소당했습니다. 가족이 없어 시설에서 살아가야 하는 처지인데, 법적으로 '없는 존재'가 되어 국가로부터 아무런 지원도 받을 수 없게 된 겁니다.

아이는 태어나면 '가족관계 등록부'에 등록됩니다. 이름과 생년월일부터 가족관계, 혼인이나 사망까지 아이의 모든 사항을 기록합니다. 그런데 아동이 부모에게 버림받는다면 이 사회에서 어떻게 신분을 보장받을 수 있을까요?

유엔아동권리협약은 모든 아동의 신분 정보를 정확히 기록하고 온전히 보존해야 하며 나중에 아동이 커서 자신에 관한 기록을 확인할 수 있도록 해야 한다고 명시합니다. 또한 신분을 보존할 권리를 침해하는 일은 엄연히 위법행위임을 확실히 해야 한다고 강조합니다.

따라서 국가는 아동의 신분을 보호할 의무가 있습니다. 만약 박탈당했다면 이름, 국적, 가족관계를 회복할 수 있도록 도와주어야 합니다.

아동에게 국적, 이름, 가족관계는 아동이 자신의 존엄성을 인정받고, 안전하게 보호받고, 권리를 누리는 데 꼭 필요한 만큼 지켜져야 합니다.

[8조]

1. 국가는 위법적인 침해 없이 이름과 국적, 가족관계 등 법률에 의해 인정된 신분을 보존할 수 있는 아동의 권리를 존중해야 한다.

2. 아동이 자신의 신분 요소 중 일부나 전부를 불법적으로 박탈당한 경우, 국가는 아동의 신분을 신속하게 회복할 수 있도록 적절한 도움과 보호를 제공해야 한다.

그래요. 같이 살아야죠.

엄마, 아빠랑 같이 살고 싶은데...

어려운 가정형편이나 다른 여러 사정 때문에
부모가 있는데도 시설이나 대안양육에 맡겨지는
아동이 있습니다. 더러는 장애아나 미숙아, 저체중 아동을
양육 부담 때문에 부모가 포기하기도 합니다. 이런 경우는
아동이 가족에게 돌아갈 수 있도록 국가가 나서서 도와야 합니다.
물론 부모가 별거나 이혼을 해 어쩔 수 없이 떨어져 살 수도 있습니다.
이런 경우에도 아이들은 원하면 언제든 엄마, 아빠
모두를 만날 수 있어야 합니다. 요컨데
아동에게 가장 좋은 선택이 무엇인지 따져봐야 합니다.

아동은 부모와 함께 살 권리가 있습니다

당연한 말이지만, 아동은 부모의 책임 아래 보살핌을 받으며 자라는 게 가장 좋습니다. 하지만 2016년 현재 우리나라에서는 연간 10만 7,300건, 하루 평균 294쌍이 이혼하며, 이중 미성년 자녀가 있는 부부의 이혼이 5만 1000건으로 전체 이혼의 47.5퍼센트를 차지합니다.(*2016년 인구동태통계연보) OECD 아시아 회원국 가운데 최상위입니다. 부끄럽지만 받아들여야 할 우리 사회의 현실입니다.

그런데 이러한 가족해체는 아동에게 큰 상처를 남깁니다. 하지만 현실에서는 아동의 입장이 뒷전으로 밀려나기 일쑤입니다. 부모의 뜻이나 형편을 더 앞세우고 있으니까요.

그래서 이 조항에서는 부모가 별거나 이혼을 하거나 불가피한 사정으로 아동이 어느 한쪽 부모와 떨어져 살게 되더라도 아동은 양쪽 부모와 관계를 유지하고 언제든지 만날 수 있는 권리가 있다고 강조합니다. 그리고 아동의 거취 문제를 결정할 때는 부모 중 누가 양육하는 것이 아동에게 더 좋을지 반드시 고려해야 합니다. 부모뿐만 아니라 아동도 의견을 내어 결정에 참여할 수 있게 기회를 주어야 합니다. 헤어진 부모와는 얼마나 자주 만날 것인지도 결정해야 합니다. 이때 아동의 입장을 가장 우선해야 합니다.

그렇다면 우리나라 이혼 가정의 자녀는 헤어져 사는 부모와 얼마나 교류하며 지낼까요? 최근 여성가족부가 실시한 '한부모 가족 실태

조사'에 따르면 전체 한부모 가정 중 절반에 가까운 아동들이 헤어져 사는 부모와 전혀 교류하지 않는 것으로 나타났습니다. 아동보다는 어른의 입장에서 생각하다 보니 벌어지는 일입니다.

물론 별거나 이혼으로 아동이 부모와 분리되는 것 자체를 국가가 책임질 수는 없습니다. 그러나 적어도 이혼 가정의 경우 아동이 부모와 연락을 취하고 만날 수 있는 권리를 보장하는 법적 근거를 국가는 마련해야 합니다.

어떤 상황에서든 아동은 양쪽 부모 모두를 만나며 관계를 유지할 권리가 있으니까요.

[9조]

1. 국가는 아동이 자신의 의사와 다르게 부모에게서 분리되지 않도록 보장해야 한다. 다만, 사법당국이 해당 법률 및 절차에 따라 부모와의 분리가 아동 최상의 이익에 부합하다고 결정한 경우는 예외로 한다. 이러한 결정은 부모에 의한 아동학대나 유기, 부모의 별거로 인한 아동의 거취 결정 등 특별한 경우에 필요할 수 있다.

2. 1항에 따른 절차에는 모든 이해당사자가 참여하여 자신의 의견을 표명할 기회를 가져야 한다.

3. 국가는 한쪽이나 양쪽 부모로부터 분리된 아동이 정기적으로 부모와 개인적 관계 및 직접적인 면접교섭을 유지할 권리가 있음을 존중해야 한다. 단, 아동 최상의 이익에 반하는 경우는 예외로 한다.

4. 분리가 아동 또는 부모의 한쪽이나 양쪽의 감금과 투옥, 망명, 강제퇴거, 사망(국가가 억류하고 있는 동안 사망한 경우 포함) 등과 같이 국가가 취한 조치의 결과인 경우, 국가는 부모와 아동, 다른 가족구성원이 요청하면 부재중인 가족의 소재에 관한 필수적인 정보를 제공해야 한다. 단, 정보제공이 아동복지에 해롭다고 판단되는 경우는 예외로 한다. 또한 국가는 그러한 요청 의뢰가 관련자에게 불리한 결과를 초래하지 않도록 보장해야 한다.

가족은 어떠한 경우에도 만나야합니다.

가족이라면 어떻게든 다시 만나야 해요

남북이산가족과 3만 명에 이르는 북한이탈주민은 가족이
만날 권리를 빼앗겼습니다. 우리나라에 온 난민들도 마찬가지입니다.
대한민국은 난민의 지위를 거의 인정하지 않아서 많은 난민들이
인도적 체류자 자격으로 살고 있습니다.
그러다보니 가족을 데려올 수 없고 직업도 가질 수 없습니다.
대한민국이 누구에게는 생이별의 땅입니다.
무슨 이유라도 '긍정적이며 인도적인 방법으로 신속하게'란
원칙에 따라 문제가 해결되길 바랍니다.

아동은 가족과 떨어져 살더라도 만날 권리가 있습니다

가족에 관한 권리는 인권에서 무척 중요한 사안입니다. 유엔난민기구는 가정을 '박해나 심각한 위험으로부터 도망친 사람들과 강제 이주로 가족을 잃어버린 사람들에게 일상을 돌려주는 근본적인 것'으로 설명합니다. 사람들이 다시 삶을 일으키는 데 가족의 역할과 지지가 중요하다는 뜻입니다.

하지만 세상에는 부모와 아이가 불가피한 사정으로 서로 다른 나라에서 살아가는 경우가 많습니다. 다른 나라로 일하러 간 이주 노동자, 전쟁을 피해 고국을 탈출한 난민, 이혼한 다문화 가정의 부모 자녀 등이 모두 그럴 수 있습니다. 이때 아동과 그 부모는 가족이 다시 합치거나 관계를 유지하기 위해서라면 어떠한 국가에도 출입국할 수 있는 권리가 있습니다.

가족을 만나 함께 살아갈 권리인 가족 결합권은 자국 국민뿐 아니라 난민, 이주 노동자는 물론 무국적자에게도 똑같이 적용되며, 이 권리는 국제법으로 보호받습니다. 따라서 국가는 가족의 재결합을 존중하고 보장할 의무가 있으며, 모든 절차는 '긍정적이며 인도적인 방법으로 신속하게' 진행되어야 합니다.

그런데 우리나라 국민 중에는 오랜 시간 가족과 재결합할 권리를 박탈당한 사람들이 있습니다. 바로 남북이산가족입니다. 남북교류가 원활하지 않아 가족과 헤어질 때 아동이었던 사람들이 이제는 고령의 노인이 되었습니다. 이 사람들의 소원은 세상을 떠나기 전에 가족을 단한 번만이라도 다시 만나는 것입니다.

가족이 함께 사는 건 당연한 일이라고 여기지만 우리나라뿐만 아니라 세계적으로 많은 가족들이 함께 살지 못해 고통을 겪고 있습니다. 불안한 국제 정세, 종교와 정치적인 갈등, 지속적인 경제 불황과 극심한 빈부 격차로 인해 이런 상황은 더 늘어날 것으로 보입니다.

모든 나라는 협약에서 명시한 대로 '가족은 다시 만나야 한다. 다시 만날 권리는 가장 기본적인 권리다. 항상 아동에게 가장 이익이 되도록 결정해야 한다.'는 점을 기억하고 가능한 방법을 찾아 나서야 합니다.

[10조]

1. 9조 1항에 따라 가족의 재결합을 위해 아동이나 부모가 국가에 입국이나 출국을 신청한 경우, 국가는 이를 긍정적이며 인도적인 방법으로 신속히 처리해야 한다. 또한 이러한 요청이 신청자와 그 가족구성원에게 불리한 결과를 초래하지 않도록 보장해야 한다.

2. 부모가 다른 나라에 거주하는 아동은 예외적인 상황 외에는 정기적으로 부모와 개인적 관계 및 직접적인 면접교섭을 유지할 권리를 가진다. 따라서 국가는 아동과 그 부모가 본국을 비롯한 어떠한 국가로부터 출국할 수 있고, 또한 본국으로 입국할 수 있는 권리를 존중해야 한다. 어떠한 국가로부터 출국할 수 있는 권리는 국가안보와 공공질서, 공중보건, 도덕, 타인의 권리와 자유를 보호하기 위해 필요하며, 이 권리의 제한은 협약이 인정하는 다른 권리와 부합될 때만 가능하다.

11조 불법 해외이송 반대

부모들이 헤어진다고 해외로 나가 살아야 하나요?

국제결혼이 늘어나면서 생각할 문제도 늘어납니다.

국제결혼 후 이혼을 하면 엄마나 아빠가 아동을 해외로

데려가기도 합니다. 그런데 부모들끼리 동의 없이 데려가거나

심지어 불법적인 방법을 써서 데리고 가는 경우가 있습니다.

물론 국제결혼이 문제라는 건 아닙니다.

다만 상대적으로 약자인 아동이 피해를 입지 않게끔 문제를

하나씩 풀어가야 하지 않을까 싶습니다.

국가는 불법적으로 해외로 보내진 아동을 되찾기 위해 필요한 모든 조치를 취해야 합니다

국제결혼과 가족해체가 늘어나면서 부모가 별거나 이혼을 할 때 양육권을 두고 다투다 엄마나 아빠, 친인척이 아동을 강제로 해외로 데리고 나가거나, 되돌아오지 못하게 연락을 끊고 막아버리는 경우가 자주 벌어지고 있다고 합니다. 이는 명백한 '양육권 침해'이자 '아동 탈취'입니다.

유엔아동권리위원회는 이 문제를 해결하기 위해서 협약에 서명한 나라들이 '양자 또는 다자간 협정을 체결하거나 기존 협정에 가입'하도록 권고합니다. 1980년 10월 25일 네덜란드 헤이그에서 열린 국제사법회의에서 만든 다자간 협약인 '국제아동탈취의 민사적 측면에 관한 헤이그 협약'(이하 헤이그 협약)이 대표적인 사례입니다.

헤이그 협약이 만들어질 당시 이 문제가 주요 선진국들 사이에서 아동인권을 침해하는 중대한 사안으로 대두되면서 양육권 침해와 부당하게 다른 나라로 이송되거나 억류 중인 16세 이하 아동을 보호하는 내용을 협약에 담게 되었다고 합니다. 우리나라도 국제결혼과 이혼이 급격하게 늘어나면서 뒤늦게 이 문제에 관심을 갖게 되어 2012년 12월 세계에서 89번째로 헤이그 협약에 가입했습니다.

언론에 결혼이민여성이 국적을 얻은 뒤에 아이와 함께 자기 나라로 떠나 연락을 끊어버리는 사례가 종종 보도됩니다. 한 예로 베트남

여성과 결혼한 B씨는 평소 부부싸움이 잦았습니다. 그러던 어느 날 B씨의 부인이 13개월 된 아들을 데리고 몰래 베트남으로 출국해버려 B씨는 자식과 생이별하는 아픔을 겪어야 했습니다.

이처럼 국제결혼한 부부가 가정불화나 이혼을 겪으면서 아이 문제를 두고 벌이는 갈등은 내국인 부부가 이혼할 때와는 그 양상이 무척 다릅니다. 가장 심각한 문제는 한쪽이 일방적으로 아이를 데리고 출국하여 연락을 끊어버리면 다른 한쪽이 아이를 되찾고 싶어도 찾아낼 방법이 없다는 점입니다.

아동은 부모의 소유물이 아닙니다. 아무리 낳아준 부모라고 해도 아동의 의사와 관계없이 일방적으로 해외로 데려가거나 고국으로 돌아올 수 없도록 막아서는 안 됩니다.

국가 역시 이 문제를 더 이상 방치해서는 안 됩니다. 먼저 '아동 탈취'를 예방하고, 사건이 발생하면 아동의 안전을 보장하고 하루빨리 돌아올 수 있도록 다방면으로 노력하며 필요한 모든 조치를 취해야 합니다.

[11조]

1. 국가는 아동의 불법해외이송 및 미귀환을 해결하기 위한 조치를 취해야 한다.

2. 이 목적을 위해 국가는 양자 또는 다자간 협정을 체결하거나 기존 협정에 가입을 촉진해야 한다.

"우리는 아동의 참여 없이는 어떤 문제도 해결할 수 없습니다. 전문가의 참여 없이 우리는 결코 성공할 수 없는데, 아동이 바로 그 전문가입니다."

아이들 의견이라고 무시하면 곤란해요

그림 그리기 전에는 대학에서 경제학을 전공했고
회사에서는 신규사업과 마케팅을 맡았습니다.
상품을 새로 만들때 가장 중요한 건 고객이 원하는 게 뭔지
정확히 아는 것이었습니다. 작은 물건 하나 파는데도
사람 마음을 얻으려고 애쓰는데 국민 복지와 생활에 직접적으로
영향을 미치는 공공정책은 왠지 마음에 잘 와닿지 않습니다.
아이들과 관련된 정책은 말할 것도 없죠.
투표권이 없으니 가볍게 무시해도 되는 걸까요?
아동 인권의 선구자인 야누스 코르착은 이런 말을 했습니다.

"우리는 아동의 참여 없이는 어떤 문제도 해결할 수 없습니다.
전문가의 참여 없이 우리는 결코 성공할 수 없는데, 아동이 바로 그 전문가입니다.'

아동은 자신의 의견을 존중받을 권리가 있습니다

유엔아동권리협약에 담겨있는 아동권리는 서로 깊이 연결되어 있습니다. 그래서 하나씩 따로 지켜나가는 게 아니라 한꺼번에 모두 지켜야 합니다. 아동권리는 생존권, 발달권, 보호권, 참여권의 4대 권리로 설명할 수 있는데, 이 조항은 이 중 참여권에 대해 다룹니다.

과거에 비하면 아이들은 훨씬 자유롭게 자신의 의사를 표현하고 있습니다. 하지만 아직도 중요한 의사 결정은 아이들의 의견과 상관없이 어른들이 내리고 아동에게는 통보만 하거나 무늬로만 참여시키는 경우가 많습니다.

그렇다면 우리나라 아동들은 자신에 관한 문제를 결정하는 데 얼마나 참여하고 있을까요? 교복 문제만 보더라도 학생들과 학교가 자주 갈등을 빚곤 합니다. 머리 모양이나 복장도 예전에 비해 자유롭지만 일부 학교에서는 여전히 강제로 학생의 머리카락을 자르는 등 학생들에게 인격적인 모욕을 주거나 수치심을 느끼게 합니다. 아이들이 어떤 머리 모양을 하고 어떤 옷을 입을지 선택하는 것은 개성을 표현하고 스스로 생활양식을 결정할 권리인 '자기결정권'에 속합니다. 그러나 학교 교칙에는 이런 권리가 그다지 반영되지 않았습니다.

'2014 전국 학생인권 실태조사'에서 교칙을 제정하거나 개정하는 과정에서 학생들의 의견이 잘 반영되는지 조사했습니다. 무려 70.3퍼센트에 달하는 학생이 제대로 반영되지 않는다고 대답했습니다.

아동인권의 선구자인 야누스 코르착은 아동 참여권의 중요성을 강조하며 이렇게 말했습니다. "우리는 아동의 참여 없이는 어떤 문제도 해결할 수 없습니다. 전문가의 참여 없이 우리는 결코 성공할 수 없는데, 아동이 바로 그 전문가입니다."

코르착은 아동들이 어떤 상황 속에서도 심사숙고하여 결정을 내리고 결과를 예상하며 책임질 능력이 있다고 믿었습니다. 그래서 자신이 원장으로 있던 고아원에서 필요한 모든 의사 결정에 아동들을 참여시켰습니다. 그는 "아동은 스스로 존중받는다고 느끼면 스스로 책임지는 사람이 될 수 있다."고 말했습니다.

코르착이 했던 것처럼, 아이들에게 스스로 결정할 수 있는 기회를 주어야 아이들은 스스로 책임질 수 있습니다. 모든 권리는 이러한 작은 연습들이 쌓여서 얻어지는 결과입니다. 아이들에게 기회를 주는 것이야말로 어른들이 해야 할 역할입니다.

[12조]

1. 국가는 자신의 의견을 형성할 능력을 갖춘 아동에게는 자신에게 영향을 미치는 모든 문제에 대해 자유롭게 의견을 표현할 권리를 보장하고, 아동의 나이와 성숙도에 따라 의견에 대한 정당한 비중을 부여해야 한다.

2. 이 목적을 위해 아동에게는, 특히 아동에게 영향을 미치는 사법적·행정적 절차에 있어서도 직접 또는 대리인이나 적절한 기관을 통해 의견을 진술할 기회가 국내법 상 절차규칙에 합치되는 방법으로 주어져야 한다.

13조 표현의 자유

생각과 느낌을 자유롭게 표현하기.
　　이건 어른과 아동 모두의 권리에요

생각하고 싶은 걸 생각하고 말하고 싶은 걸 말하기.

대한민국 '모든 사람'을 위해 헌법이 보장하는 권리입니다.

시, 소설, 영화, 그림, 음악은 우리가 이 권리를 얼마나 누릴 수 있는지

보여주기 위해서 벼랑 끝에 서는 일도 마다하지 않습니다.

그래서 예술은 작가의 의도와 관계없이 정치적일 수밖에 없습니다.

2015년 이순영 아동이 쓴 시집이 '잔혹동시'로 소개되어 많은 논란이 일었습니다.

하지만 어머니는 '스쳐지나가는 이 반짝임'을 기억하고 싶어서

시집을 냈다고 했습니다.

아동도 엄연한 대한민국 국민이고 표현의 자유가 있다는 사실을

어머니는 잘 알고 있나 봅니다.

아동은 글이나 그림을 통해 자신을 표현할 자유가 있습니다

이 조항은 앞선 12조와 아주 밀접하게 연결되어 있습니다. 아동의 의견을 존중하지 않고 참여권을 인정하지 않으면 그 자체로 이미 표현의 자유를 침해하기 때문입니다. 또한 아동이 참여한다고 해도 자신의 생각이나 느낌을 자유롭게 표현할 수 있는 권리가 보장되지 않는다면 아무 소용없습니다.

그렇다면 아동이 맘껏 표현할 수 있는 사회를 만들려면 어떻게 해야 할까요? 먼저 어른들이 아동을 미숙한 존재로 여기거나 자신의 의견을 똑 부러지게 말하면 건방지다고 생각하는 권위적인 시각부터 바꿔야 합니다. 그리고 아동이 하는 이야기를 귀담아들어야 합니다. 아동의 생각이나 느낌을 억누르기보다 말이나 글, 그림 등 다양한 형태로 표현할 수 있도록 기회를 주어야 합니다. 표현의 자유가 늘어날수록 창의적인 생각도 많아지니까요.

하지만 2015년 이순영 어린이가 펴낸 동시집이 잔혹동시 논란에 휩싸인 사례를 보면서 아직까지도 아이들의 능력을 존중하지 않을 뿐더러 표현의 자유조차 허용하지 않는 우리 사회의 모습에 답답함을 느꼈습니다.

동시집을 출간한 출판사는 처음에는 이순영 어린이가 쓴 시에 대해 "때로는 섬뜩할 정도로 자신의 생각을 거칠게 쏟아내기도 하는데, 시적 예술성을 고스란히 담고 있다."고 높이 평했습니다. 그런데 잔혹동시 논란이 확산되자 태도를 바꿔 출간 일주일 만에 시집 대부분을 폐

기처분했습니다. 이 과정에서 정작 아동 자신의 생각이나 의견은 전혀 고려하지 않았습니다. 물론 동시집을 변호하는 목소리도 적지 않았습니다. 잔혹성보다 아이의 뛰어난 자질에 주목하는 사람들도 있었습니다.

하지만 진짜 중요한 사실은 "아이들이 있는 그대로 세상을 바라보고 이야기할 수 있다면 그대로 사회비판문학이 된다."는 한 문학평론가의 말처럼, 아이들이 순간순간 느끼는 감정과 떠올리는 생각은 모두 소중하다는 겁니다. 어머니는 당시 언론과의 인터뷰에서 '아이의 어린 시절에 스쳐지나가는 반짝임'을 기억하고 싶어서 시집을 냈다고 했습니다.

모든 아동은 표현의 자유를 누릴 권리가 있습니다. 아이들이 저마다 내면에 있는 반짝임을 있는 그대로 내보이며, 있는 그대로 존중받을 수 있는 사회가 되길 바랍니다.

[13조] ────────────────────────────────

1. 아동은 표현의 자유를 갖는다. 이 권리는 말이나 글, 예술 형태 또는 아동이 선택하는 다양한 매체를 통해 모든 정보와 사상을 국경과 관계없이 추구하며 주고받을 수 있는 자유를 포함한다.

2. 이 권리의 행사는 일정한 제한을 받을 수 있다. 다만 이 제한은 오직 법률에 의해 규정되어야 하며, 다음 사항을 위해 필요한 것이어야 한다.

　　가. 타인의 권리 또는 명성 존중

　　나. 국가안보, 공공질서, 공중보건 또는 도덕의 보호

부모의 우주

나의 우주는 멀고 깊고 넓은데…

양심과 믿음은 스스로 찾아 나서야 해요

아동일 때 부지런히 교회를 다녔지만 좀처럼 믿음이 생기질 않았습니다.

고민할 때마다 어른들은 '믿음이 없어서 그런 거니 믿으면 된다'고 하였습니다.

일단 믿고 보라니, 그저 동어반복에 불과했습니다. 지금은 우주를 만드신

하나님이 있다면 십일조 봉투를 확인하거나 출석에 매달리는 존재는

아니라고 '믿고' 있습니다. 이렇게 받아들이고 나니 마음이 몹시 편해졌습니다.

비록 교회에 다니지 않아도 예수님 말씀 중 두 가지는 꼭 마음에 새깁니다.

'진리가 너를 자유롭게 하리라.'

그리고 '네가 대접받고 싶은 대로 대접하라'입니다.

아동은 사상과 양심에 따라 행동하며 종교를 선택할 권리가 있습니다

이 권리는 인간의 존엄과 가치를 지키는 데 기초가 됩니다. 그런데 우리나라를 비롯해 세계 많은 나라 아동들은 이런 보편적인 권리조차 제대로 누리지 못하고 있습니다. 부모가 선택하거나 학교에서 가르치는 대로 따라야 하는 경우가 무척 많습니다. 대표적인 사례로 종교 의무교육을 들 수 있습니다.

2004년 당시 고등학생이던 K군은 학교가 개신교 예배를 강요하는 데 반발하여 1인 시위를 벌이다가 제적을 당해 사회적인 이슈가 되었습니다. 이후 K군은 소송을 제기했고, 법원으로부터 특정 종교를 기반으로 설립된 학교라 하더라도 학생의 종교의 자유를 보장해야 한다는 판결을 이끌어냈습니다.

이 사건을 계기로 2009년 교육과정이 개정되어 학교가 종교과목을 개설할 때는 복수로 과목을 편성하여 학생들이 선택할 수 있는 기회를 마련하였습니다. 또한 종교교육을 할 때는 반드시 사상과 양심, 종교의 자유를 존중하도록 명기하였습니다.

최근 다문화 가정이 늘면서 아동의 사상과 양심, 종교의 자유는 학교에서 복장이나 급식에까지 영향을 끼치고 있습니다. 대구의 한 초등학교에서는 다문화 학생들을 배려한 맞춤형 급식을 시작해 화제가 되었습니다.

이 학교에 다니는 이슬람 문화권 출신 학생 다섯 명은 돼지고기를 비롯한 몇 가지 음식을 종교적인 이유로 먹지 않았습니다. 그러다 보니 학교 급식을 일부만 먹거나 아예 굶을 수밖에 없었습니다. 그래서 학교에서는 이슬람 학생들이 먹지 못하는 음식을 대체해 따로 식단을 마련했습니다. 돼지고기가 들어간 음식이 급식으로 나갈 때는 달걀이나 콩으로 만든 음식을 따로 만들어주어 이슬람 문화권 출신 학생들도 단백질을 섭취하고 영양불균형도 해소할 수 있도록 배려하였습니다.

이런 맞춤형 급식을 통해 이 학교는 학생들이 자연스럽게 다른 문화를 이해하고 차이를 받아들이면서 서로 배려하는 학교 공동체를 만들어가고 있습니다.

협약은 사상과 양심, 종교의 자유에 관한 권리 주체가 아동이라는 점을 분명히 밝힙니다. 따라서 부모도 학교도 아동에게 사상이나 종교를 강요해서는 안 되며, 종교적인 이유로 아동의 건강하고 안전하게 생활 할 권리와 교육받을 권리를 침해해서도 안 됩니다.

[14조]

1. 국가는 아동의 사상·양심·종교의 자유에 대한 권리를 존중해야 한다.

2. 국가는 아동이 이러한 권리를 행사함에 있어 부모나 법정후견인이 아동의 능력발달에 맞는 방식으로 아동을 감독할 권리와 의무를 존중해야 한다.

3. 종교와 신념을 표현하는 자유는 오직 법률에 의해 규정되고 공공의 안전, 질서, 보건이나 도덕 또는 타인의 기본권과 자유를 보호하기 위해 필요한 경우에만 제한될 수 있다.

독일은 14살이면 성당청년회에 가입할수있고
16살이면 당원도 되고 지방선거에도 참여할수있어요.
미국에는 10대 시장 후보도 있습니다.

15조 참여의 자유

모임을 만들거나 집회에 참여해도 괜찮아요

세월호, 국정 교과서 문제로 아동이 교복을 입고 거리에 나와

1인 시위를 하였습니다. 간식을 건네주며 힘내라는 분도 있고,

어린 녀석이 공부나 하지 무슨 짓이냐며 훈계를 하는 분도 있었습니다.

그런데 (우리나라 빼고) 110여 개 이상의 나라에서

18살부터 투표한다는 사실은 알고 계신가요?

대한민국이 진짜 인권국가라면

아동들이 참여하는 수준도 달라져야 합니다.

아동은 자유롭게 모임을 조직하고 평화적 집회에 참가할 권리가 있습니다

유엔은 아동이 학교에서는 교육과정을 통해 공동체 활동에 적극적으로 참여하는 습관을 키우고, 학교 밖에서는 자유롭게 공동체 활동에 참여하여 평생 동안 사회적, 정치적인 문제에 기여할 수 있는 기반을 마련할 수 있다고 했습니다.

하지만 우리나라는 아동의 집회와 결사의 자유를 좀처럼 인정하려 들지 않습니다. 특히 학교는 아동의 이러한 권리를 오히려 억누르려는 경향이 강합니다. 일례로 학생들이 교내에서 집회를 열 경우, 학교에서는 학생들이 '집단으로 모인 일' 자체를 문제 삼고, '의사를 표현한 행위'를 학교 질서를 심각하게 훼손한 행위로 봅니다. 또한 집회에 참석하거나 동아리에 가입해 활동한 학생은 심할 경우 퇴학처분까지 받을 수 있다는 규정을 둔 학교도 꽤 많습니다.

그러다 보니 학생이 사회문제에 관해 자신의 의견을 밝히고 참여권을 행사하는 경우는 말할 것도 없습니다. 대표적인 예가 세월호와 역사 교과서 국정화, 탄핵 집회입니다. 사회단체와 학계, 시민, 대학생들이 성명을 발표하고 시위를 벌이면서 고등학생들도 거리로 나서자, 교육부는 시국선언을 하거나 1인 시위를 하는 학생들에게 엄정히 대처하겠다는 입장을 밝혔습니다. 또한 일부 어른들은 누가 시켜서 학생들이 시위를 한 것으로 여기거나, 학생이 공부해야지 무슨 시위냐며 비판했습니다.

불행하게도 우리나라는 아동이 정치에 참여할 수 있는 나이를 제한하고 있습니다. 만 19세 미만은 선거권·피선거권이 없을 뿐 아니라 정당에 입당하거나 선거운동을 할 수도 없습니다. 이에 반해 독일은 만 14세가 되면 정당 청년회에 가입할 수 있습니다. 만 16세가 되면 당원이 될 수 있으며 지방선거에도 참여할 수 있습니다. 나라마다 선거권을 갖는 연령이 다르지만, OECD 회원국 중 우리나라를 제외한 모든 국가가 만 18세부터 투표권을 부여합니다. 미국은 10대 청소년이 시장 선거 후보로 나옵니다.

선진국에서는 어떤 정치인도 어느 날 '갑자기' 의원이 되는 경우가 거의 없습니다. 스웨덴이나 독일의 총리 상당수도 정당 산하의 청소년 조직 출신입니다. 시민들의 정치 참여율이 높고 안정된 나라일수록 그 나라 청소년들은 정당 활동에 참여하면서 정치 수업을 받을 기회가 무척 많습니다.

아동은 성인이 될 때까지 정치적 참여를 미뤄야 하는 존재가 결코 아닙니다. 아동이 미성숙해서가 아니라 우리 사회가 미성숙해서 아이들의 성장을 가로막는 건 아닌지 생각해봐야 합니다.

[15조]

1. 국가는 아동의 결사의 자유와 평화적 집회의 자유에 대한 권리를 인정한다.

2. 이 권리의 행사에 대해서는 법률에 따라 부과되고 국가안보나 공공의 안전, 공공질서, 공중보건과 도덕의 보호 또는 타인의 권리와 자유의 보호를 위해 민주사회에서 필요한 경우 외에는 어떠한 제한도 가해서는 안 된다.

불우이웃돕기 행사 소품이 아니에요

불우아동을 돕는다고 아이들을 불러 모아 사진을 찍는 경우가 더러 있습니다.
심지어 '불우이웃돕기'라는 현수막을 직접 들게 하거나
활짝 웃으라고까지 합니다. '이 녀석들이 바로 불우아동'이라며
공공연히 떠벌이는 거나 다름없습니다.

<러빙핸즈>라는 사회복지 NGO는 한 명의 아동이 자립할 때까지
지속적으로 돕는 멘토링 프로그램을 운영합니다.

도움 받는 아이들의 개인정보는 철저히 보호하고,
부득이하게 사진 찍을 때도 반드시 모자이크 처리합니다.
또한 멘토가 되려면 후원금 외에 최소 18시간 이상
교육을 받아야 합니다.

아동은 사생활을 보호받을 권리가 있습니다

어른들은 서로의 사생활을 존중하는 게 당연하다고 여기면서 아동의 사생활 보호는 상대적으로 가볍게 여깁니다. 그러다 보니 아동의 동의 없이 사진이나 개인 정보를 쉽게 노출하고, 사생활에 끼어들어 간섭하는 일이 자주 벌어집니다. 우리 사회가 아동의 사생활 침해에 대해 얼마나 둔감한지를 보여주는 사례는 주변에서 쉽게 찾을 수 있습니다.

일례로 비싼 병원비를 마련하기 위해 텔레비전 모금방송에 출연하는 아이들의 경우, 도움을 준다는 이유로 아이들 가정, 소득, 가족 형태, 보호자 직업 등 마땅히 보호받아야 할 개인정보와 사생활을 너무 쉽게 노출합니다.

초등학교 일기장 검사 또한 대표적인 사례입니다. 학교에서 글쓰기 능력을 향상시킨다는 이유로 아동에게 일기를 쓰게 한 뒤 일일이 검사하고 점수를 매기기까지 합니다. 하지만 일기는 아동의 사생활과 비밀이 담긴 기록입니다. 이를 공개하라고 요구하는 건 엄연한 아동의 사생활 침해입니다.

청소년들은 소지품이나 휴대전화 검사로 사생활 침해를 받습니다. 무엇보다 휴대전화 검사에 가장 민감한 반응을 보이는데, 모든 개인정보가 담겨있기 때문입니다. 그런데 어떤 선생님들은 수업시간에 휴대전화를 봤다는 이유로 학생의 통화내역을 확인하거나 다른 학생들 앞에서 문자 메시지를 낭독하기도 합니다. 당사자 동의 없이 통화기록이나 문자, 사진 등을 열어보거나 제3자에게 공개하는 것은 명백히 사생활 보호권을 침해하는 행위입니다.

학생의 성적을 공개하는 일도 사생활 보호를 위해 학교에서 사라져야 할 또 다른 풍경입니다. 어떤 학교에서는 복도나 게시판처럼 공개된 장소에 모든 학생의 성적을 붙여두기도 합니다. 그러나 성적 역시 중요한 개인정보입니다. 학생의 동의 없이 공개된 장소에 함부로 게시해서는 안 됩니다.

아무리 부모나 보호자라고 해도 아동에게 배달된 편지나 이메일을 미리 열어보거나 읽어서는 안 됩니다. 대안 양육기관, 기숙사, 장기간 입원해야 하는 병원에서도 사생활을 침해하거나 아동의 동의 없이 개인 공간을 조사해서는 안 됩니다. 미디어 역시 아동의 동의 없이 사진이나 사생활이 노출될 수 있는 정보를 공개해서는 안 됩니다. 기관에서는 아동에 관한 기록을 남기거나 저장할 때 아동에게 알려야 하며 왜 기록이 필요하고 누가 관리하는지 알려줘야 합니다.

어른들이 사생활을 침해당했을 때 법의 보호를 받는 것처럼 아동의 사생활도 어른들과 똑같이 보호받고 존중받아야 합니다.

[16조]

1. 아동은 사생활과 가족, 가정, 통신에 대해 자의적이거나 위법적인 간섭을 받아서는 안 되며, 명예나 명성에 대해 위법적인 공격을 받아서도 안 된다.

2. 아동은 이러한 간섭이나 공격으로부터 법의 보호를 받을 권리가 있다.

⭐ 17조 정보를 얻을 권리

보여주는 것만 보는걸 넘어서 스스로 필요한걸 찾아보세요.

〈날아라 호빵맨 (일본에서는 '앙팡만') 〉은 1988년
텔레비전 애니메이션으로 제작된뒤 지금까지 방영되고 있습니다.
작가인 야나세 다카시는 "온갖 무기를 연달아 선보이면서
펑펑 요란하게 불길을 일으키는 영웅을 보고 박수치며 흥분하다니,
일종의 '전쟁찬미' 처럼 여겨진다. 어린 아이의 잠재의식에
나쁜 영향을 미치지는 않을까 걱정스럽다.*"고 하였습니다.
우리의 영웅 호빵맨은 때리고 부수기보다는 제 얼굴(호빵)을
가난하고 배고픈 친구들에게 흔쾌히 떼어줍니다.
어릴 때부터 이런 영웅을 보고 자랐다는 게 살짝 부럽습니다.

*(야나세 다카시의 《네, 호빵맨입니다》에서 인용하였습니다.)

아동은 대중매체를 통해 정보를 얻을 권리가 있습니다

80년대, 우리나라에 각 가정마다 텔레비전이 급속도로 보급되면서 외화 속 슈퍼히어로의 멋진 모습에 반한 아이들이 많았습니다. 하늘을 날아보겠다며 장독대나 옥상에서 뛰어내리다가 큰 사고를 당하는 아이들도 있었습니다. 사고가 잇따르자 올바른 미디어 교육을 해야 한다는 목소리가 높아지기도 했습니다.

당연한 말이지만, 국가는 미디어가 갖는 강력한 영향력을 고려하여 대중매체가 사회·문화적으로 아동에게 유익한 정보를 전파하도록 권장해야 합니다. 특정 시간대에는 폭력적인 프로그램의 방영을 금지하고, 미디어 관련 기업이 자발적으로 아동을 보호하는 윤리적 기준을 마련하고 실천하도록 촉구해야 합니다.

그런데 요즘 대중매체가 아동의 삶에 미치는 영향을 보면 우려할 만한 점이 한두 가지가 아닙니다. 텔레비전은 아이들을 점점 더 제품 소비자로 여깁니다. 매일 장난감 광고가 쏟아지고, 애니메이션에 등장하는 캐릭터가 고액의 장난감으로 둔갑합니다.

제 어린 시절만 돌아보더라도 당시에는 종이접기, 동요, 인형극 등 어린이들이 볼 수 있는 텔레비전 프로그램이 많이 방영되었습니다. 어린이날에는 창작동요제를 했고, 라디오에서는 동요를 들려주는 시간이 정해져 있었습니다. 하지만 언젠가부터 시청률이나 광고판매 수치가 좋은 프로그램을 가르는 기준이 되면서 어린이 프로그램이 조금씩 자취를 감추었습니다.

국가가 나서야 합니다. 아동이 유익한 정보와 자료에 접근할 수 있도록 아동도서와 아동 대상의 텔레비전과 라디오 프로그램, 아동도서관 등을 보급하고 장려해야 합니다.

80년대에는 아동이 텔레비전을 보며 슈퍼히어로를 꿈꾸었다면 요즘 미디어는 아동에게 어떤 꿈을 키워주고 있을까요? 어린이 프로그램은 줄어드는 대신 소비를 부추기고 행복을 획일화해 보여주는 정보가 많아졌습니다. 어른이나 아이 모두 '먹고', '예뻐지고', '부유해지는' 것에 시선을 빼앗깁니다. 어쩌면 지금 우리 아이들은 옛날 장독대보다 더욱 높고 위험한 곳에서 뛰어내리고 있는지 모릅니다.

[17조]

국가는 대중매체가 수행하는 중요한 기능을 인정하며, 아동의 다양한 국내 및 국제 정보원으로부터의 정보와 자료, 특히 자신의 사회적·정신적·도덕적 복지와 신체적·정신적 건강의 향상을 목적으로 하는 정보와 자료에 대한 접근권을 보장해야 한다. 이 목적을 위해 국가는.

가. 대중매체가 아동에게 사회적·문화적으로 유익하고, 29조의 정신에 부합되는 정보와 자료를 보급하도록 장려해야 한다.

나. 다양한 문화와 국내 및 국제 정보원으로부터 정보와 자료를 제작·교류·보급함에 있어 국제협력을 장려해야 한다.

다. 아동도서의 제작과 보급을 장려해야 한다.

라. 대중매체가 소수집단이나 원주민 아동이 겪는 언어상의 어려움에 특별한 관심을 기울이도록 장려해야 한다.

마. 13조와 18조의 규정을 유념하며, 아동복지에 유해한 정보와 자료로부터 아동을 보호하기 위한 적절한 지침의 개발을 장려해야 한다.

"최선의 아동복지는 가족복지입니다. 아동은 가족 안에서, 부모 품에서 각별한 보호를 받으며 자라야 가장 행복하게 성장할 수 있습니다."

가난해도 아이를 키우고 싶어요. 하지만...

소나기가 내리면 비가 내리는 곳과 내리지 않는곳 사이를
왔다 갔다 하는 상상을 해봅니다. 선착순 20명까지 상품을 받는데
21번째 사람이라면 어떤 기분이 들까요?

'한 명 차이니까 너도 줄게.'라고 한다면 22번째 사람은 또 어떨까요?

복지제도를 실행하려면 대상과 기준을 정해야합니다.

하지만 늘 대상에서 아깝게(?) 벗어난 사람들이 생길 수밖에 없습니다.

그렇다면 소나기와 맑은 날씨 사이에 선 사람에게

반이나 젖었다고 우산을 건네주는 게 맞을까요?

반은 멀쩡하니 맑은 쪽으로 넘어가라는 게 맞을까요?

부모는 아동을 양육할 책임이 있고, 국가는 이를 지원해야 합니다

지금 우리나라는 빈부격차가 갈수록 심각해져 부모의 경제력이 아이의 현재뿐만 아니라 미래까지 좌우하는 지경에 있습니다. 오죽하면 흙수저와 금수저, '이생망(이번 생은 망했다)'이라는 말까지 나왔을까요?

그러다 보니 부모가 아무리 아이를 잘 기르고 싶어도 뜻대로 되지 않는 경우가 많습니다. 이런 가정이 많아질수록 국가가 나서야 합니다. 가족의 기능을 강화하고, 맞벌이 가정이나 빈곤가정의 아동이 부모의 품에서 자랄 수 있도록 최대한 지원해야 합니다.

하지만 우리나라 국민기초생활보장제도를 보면 가족이 아예 없거나 가족이 모두 빈곤 상태에 있지 않으면 국가로부터 지원을 받기 어렵습니다. 특히 혼자 아동을 키우는 미혼모는 가족과 정부 모두로부터 제대로 지원을 받지 못해 이중고에 시달립니다. 유엔아동권리협약에는 아동을 양육하는 데 양쪽 부모 모두 책임이 있다고 하지만 현실에서는 무용지물입니다.

유엔총회는 '아동의 대안양육에 관한 지침(2009)' 결의안에서 '경제적, 물질적 가난이 아동을 부모와 떨어져 대안양육을 받게 만들거나 재결합을 막는 이유가 되어서는 안 된다. 가난은 그 가정에 적절한 지원이 필요하다는 신호로 보아야 한다.'고 밝혔습니다.

그래서 국가의 역할이 중요합니다. 아동의 생존권과 발달권은 물론 부모와 함께 살 권리를 보장하는 것을 최우선에 두고, 부모가 양육의 책임을 다할 수 없는 상황에서 벗어나도록 지원을 아끼지 말아야 합니다. 또 사회안전망을 확충하고 복지제도를 확대하여 가정환경의 차이가 아동의 성장과 미래까지 좌우하는 비극을 막아야 합니다.

최선의 아동복지는 가족복지입니다. 그래서 복지선진국들은 모든 아동에게 아동수당을 지급하고, 출산부터 보육, 교육까지 재정적 지원을 아끼지 않습니다. 아동은 가족 안에서, 부모 품에서 각별한 보호를 받으며 자라야 가장 행복하게 성장할 수 있습니다.

[18조]

1. 국가는 아동의 양육과 발달에 있어 양쪽 부모가 공동 책임을 진다는 원칙이 공인받을 수 있도록 최선의 노력을 기울여야 한다. 부모 또는 법정후견인은 아동의 양육과 발달에 일차적 책임을 지며, 아동 최상의 이익이 그들의 기본적인 관심이어야 한다.

2. 이 협약에 규정된 권리의 보장과 촉진을 위해 국가는 아동에 대한 양육책임을 이행할 수 있도록 부모와 법정후견인에게 적절한 지원을 제공해야 하며, 아동보호를 위한 기관과 시설 및 편의 개발을 보장해야 한다.

3. 국가는 취업부모의 아동들이 이용할 수 있는 아동보호 시설과 편의에 대한 향유권을 보장하기 위해 모든 적절한 조치를 취해야 한다.

더 이상 '사랑의 매'는 없어요.

"부모에게 맞거나 학대당하는 아이들을 어떻게 알아보죠?"

아동폭력방지 업무를 맡은 재단 직원에게 물어보았더니

"여름에 긴팔 입고, 겨울에 반팔 입는 아이들입니다."라고

대답하더군요. 왜 그런지 굳이 말하지 않아도 아실 겁니다.

일을 못한다고 부장님이 직원들을 때리지 못합니다.

심지어 법을 어겼다고 해서 경찰이 피의자를 함부로 때리지 못합니다.

그런데 아이들은 왜 때릴까요?

'사랑의 매', '체벌도 훈육의 한 방법'이란 말이

과연 맞는 말일까요?

어떠한 아동폭력도 정당화될 수는 없습니다.

아동은 폭력과 학대로부터 보호받을 권리가 있습니다

아동폭력은 아동을 소유물로 여길 때 발생합니다. 그래서인지 우리 나라 아동학대의 85퍼센트는 가정에서 일어납니다. 게다가 아동학대 사실을 확인하고도 관계 기관이 아이들을 너무 쉽게 가정으로 되돌려 보내 아동이 더 심한 가정폭력에 시달리기도 하고, 심지어 사망하는 일 까지 벌어집니다.

최근 들어서는 심각할 정도로 아동학대 사건이 자주 보도됩니다. 소풍 가고 싶다고 말했다가 어머니의 폭력으로 갈비뼈가 부러져 사망 한 아동학대 사건, 11살 소녀가 16킬로그램의 앙상한 몸으로 맨발로 탈 출한 사건, 아버지한테 매 맞아 죽은 아동이 수개월 동안 방치되어 있 다가 뒤늦게 발견된 사건까지. 모두 허술한 아동보호 체계와 사회적 무 관심 때문입니다.

물론 과거에 비하면 아동학대에 관한 경각심이 높아졌지만, 선진국 에 비하면 우리나라는 아직도 아동학대 신고율이 현저히 낮습니다. 어 머니의 학대로 사망한 울주 아동학대 사건만 보더라도 화상으로 입은 상처를 가리기 위해 아이는 한여름 내내 긴팔을 입고 다녔습니다. 그런 데도 교사와 의사, 이웃 모두 아이가 학대받는 사실을 전혀 눈치채지 못했습니다.

'남의 집안에서 벌어진 일', '사랑의 매'라는 잘못된 사회 인식 때 문에 폭력을 제대로 보지 못합니다. 아동폭력을 알고도 모른 척한다면 아이들이 겪는 고통은 끝나지 않습니다. 화재를 목격하면 망설임 없이

119에 신고하듯, 아동학대가 의심되면 바로 112로 신고해야 합니다. 확실한 물증이 없더라도 무조건 신고부터 해야 합니다.

세상에 맞아도 되는 사람은 없습니다. 집이든 학교든 때려도 되는 곳도 없습니다. 어른들은 아이를 자신보다 낮은 존재로 여기기 때문에 때립니다. 그래서 아동폭력은 곧 인권문제입니다.

하지만 우리나라의 대책은 여전히 미흡합니다. CCTV를 더 많이 설치해 아동폭력이 발생할 우려가 높은 사각지대를 없애겠다고 했지만 아이들을 지키기에는 아무래도 역부족입니다.

인간의 눈을 카메라 화소로 따져보면 대략 1억 화소 정도라고 합니다. CCTV 성능이 아무리 좋아져도 사람의 시력을 따라오는 데 시간이 걸립니다. 집안에서 학대받고 있는 아이들이나 안타깝게 세상을 떠난 아이들 곁에도 분명 1억 화소짜리 눈이 있었을 겁니다. 그 눈들이 깨어나 아이들을 지켜주는 CCTV가 된다면 아동학대는 막을 수 있습니다.

[19조]

1. 국가는 아동이 부모나 법정후견인 또는 다른 양육자로부터 양육받는 동안 모든 형태의 신체적·정신적 폭력, 상해나 학대, 유기나 유기적 대우, 성적인 학대를 포함한 혹사나 착취로부터 아동을 보호하기 위해 모든 적절한 입법적·행정적·사회적·교육적 조치를 취해야 한다.

2. 이러한 보호조치는 아동과 아동 양육자에게 필요한 지원을 제공하기 위한 사회계획의 수립은 물론, 1항에 규정된 바와 같은 아동학대 사례를 다양한 형태로 방지하거나 확인, 보고, 조회, 조사, 처리 및 추적하고 또한 필요한 경우 사법적 개입이 가능하도록 효과적인 절차를 포함해야 한다.

☆ 20조. 부모의 보호를 받을 수 없는 아동 보호

'소년'과 '가장', '소녀'와 '가장'은 잘못된 만남이에요

아이들(18세 미만이라면 역시 아동입니다)이 돈을 벌어 생계를 꾸리면
'소년가장', '소녀가장'이란 표현을 써가며 대견해합니다.
축구나 야구에서 가장 어린 선수가 경기를 잘 풀어가면
역시 같은 별명을 붙여줍니다.
물론 어린 나이에 사회생활을 일찍 해서 돈을 버는 건 대단한 일입니다.
하지만 '가장'이란 말을 붙이기 전에 과연 그들이 정말 이런 대접을
받기 원하는지 따져봐야 합니다.
모르긴 해도 "전 그냥 소년, 소녀가 좋아요."라고 말하지 않을까 싶습니다.

부모의 보살핌을 받을 수 없는 아동은 국가가 특별히 보호해야 합니다

아동은 스스로 독립할 수 있는 나이가 될 때까지 가정의 울타리 안에서 부모의 보살핌을 받으며 자랄 권리가 있습니다. 그런데 지금 우리 사회에는 가정에서 제대로 된 보호조차 받지 못하는 아이들이 너무 많습니다. 부모와 사별했거나 부모의 질병, 학대, 방임 등 여러 이유로 부모의 보살핌을 받을 수 없는 아동은 그래서 국가가 특별히 보호하고 지원해야 합니다. 특히 가정폭력으로 인해 부모로부터 격리 조치된 아동에게는 부모 대신 돌봐줄 사람이나 시설을 찾아주려는 노력도 필요합니다.

이때 국가는 아동의 권리를 보호하는 방향으로 대안을 모색해야 합니다. 가장 먼저 친인척에게 맡길 수 있는지 확인해야 합니다. 만약 불가능하다면 가정위탁이나 입양을 고려해야 합니다. 보호시설에 맡기는 일은 가장 마지막 수단입니다. 아동을 가정에서 일시적으로 분리시키는 경우에는 아동이 일정 기간 동안 위탁가정에서 지내다가 다시 가정으로 돌아갈 수 있게끔 지원해야 합니다.

부모의 보살핌을 받을 수 없는 아동 중에는 부모와 사별했거나 부모의 질병으로 생활에 어려움을 겪는 아이들이 있습니다. 이때 사람들은 흔히 '소년소녀가장'을 떠올립니다.

심지어 요즘에는 이 말이 인기 아이돌 그룹 사이에서도 통용되더군요. 한 아이돌 그룹이 인기가 많아 돈을 많이 벌어들이면 소속 기획사를 먹여 살린다며 '소년소녀가장'이라는 표현을 써가며 대견하다고 칭찬합니다. 하지만 '소년', '소녀'에게 '가장'이라는 말은 어울리지 않습니다. 이런 조합만으로도 아동의 권리를 침해하기 때문입니다.

사람들은 한부모 가정, 이혼 가정, 조손 가정, 소년소녀가정, 시설 아동을 부모 없는 아이들이라고 쉽게 부릅니다. 하지만 부모 없이 태어난 아이는 없습니다. 부모가 없어도 되는 아이도 없습니다. 그러니 국가는 우선 부모나 보호자가 제 역할을 다할 수 있도록 지원해야 합니다. 만일 아동이 부모와 함께 살 수 없거나 함께 사는 게 오히려 아동에게 불리하다면 유엔아동권리협약에서 명시한 대로 국가가 나서서 아동을 보호하고 지원해야 합니다.

[20조]

1. 일시적 또는 영구적으로 가족환경을 박탈당했거나 아동 최상의 이익을 위해 가족환경에서 지낼 수 없게 된 아동은 국가로부터 특별한 보호와 원조를 받을 권리가 있다.

2. 국가는 국내법에 따라 이러한 아동을 위한 대체적 보호를 확보해야 한다.

3. 이러한 보호는 위탁양육, 회교법의 카팔라, 입양 또는 필요한 경우 적절한 아동양육기관에 두는 것을 포함한다. 양육 방법을 모색할 때는 아동 양육의 계속성 보장이 바람직하다는 점과 아동의 인종적·종교적·문화적·언어적 배경에 대해 정당한 고려가 있어야 한다.

우리는 어디로 가는걸까?

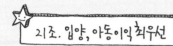

21조. 입양, 아동이익 최우선

어른들을 위한 입양에서 아이들을 위한 입양으로

《피부색깔=꿀색》은 다섯 살 때 벨기에로 입양된 작가
전정식이 그린 자전적인 그래픽 노블입니다. 여덟 살에 학교 탈의실에서
학교식당 식권뭉치가 떨어져 있는 걸 보고 몰래 주머니에 넣습니다.
하지만 체육 선생님한테 걸려 함께 있던 아이들이 충격 받을 만큼
심하게 혼이 나고 부모님까지 불려옵니다. 집으로 돌아가는 길에
어머니는 "너는 썩은 사과야. 양동이 속 썩은 사과는 잘 자란
다른 사과도 썩게 만든다. 이제는 네가 '내 아이들'한테서
멀리 떨어져 있었으면 좋겠다."고 말합니다.
그는 "엄마의 말은 몸에 흔적을 남기거나 육체적으로 아프게
하진 않았지만, 은밀하고 악의적인 폭력이었다.
지금도 여전히 잊혀지지 않는다."고 고백합니다.

우리나라에 입양제도가 처음 도입된 건 한국전쟁 때입니다. 고아가 된 아이들을 전쟁으로 폐허가 된 나라에서 홀로 자라게 하느니 차라리 해외로 입양 보내는 게 더 낫다고 여겼기 때문이겠죠. 그러다 보니 우리나라 사람들 의식 속에 '입양은 선행'이라는 인식이 자연스럽게 생겨났습니다. 하지만 입양에는 어두운 그림자가 공존하고 있습니다.

보험금을 목적으로 영아를 입양하고 학대하여 결국 사망하게 한 사건, 여자아이를 입양하여 수년간 성폭행한 사건, 심지어 입양기관과 짜고 아파트를 분양받기 위해 아동을 입양했다가 파양한 사건 등은 입양제도가 얼마나 악용될 수 있는지를 보여줍니다.

심지어 미국에는 아이 없는 부모들이 사적인 기관이나 영리 기관에 수수료를 주고 입양을 의뢰하는 이른바 '입양 시장'이 형성되어 있습니다. 그래서 입양을 주선하는 외국기관은 아동을 위해 최고의 가정을 찾는 게 아니라 '돈을 낸' 입양가정을 위해 아동을 찾게 됩니다. 그 과정에서 아동의 인권은 쉽게 무시됩니다. 국가가 입양가정에 대한 사전조사와 사후관리를 철저히 해야 하는 이유입니다.

통계에 따르면 우리나라 입양아동의 90퍼센트 이상이 미혼모 자녀입니다. 국가는 미혼모 자신이 아이를 키울 경우 월 15만 원의 양육비를 지원합니다. 반면 유기된 아동이 시설에 보내지거나 입양될 경우 미혼모에게 지원되는 양육비의 열 배가 넘는 금액을 지원합니다. 심하게 말하면 국가가 나서서 아동 유기와 입양을 부추기는 셈입니다.

우리나라는 세계 최저 출산국이면서 아동수출국이라는 오명을 벗지 못하고 있습니다. 무척 부끄러운 일입니다. 대체 어떻게 해야 우리는 아동들을 우리 품에서 보호할 수 있을까요?

우선 국가는 미혼모가 아이를 잘 키울 수 있도록 충분히 지원해야 합니다. 미혼모를 바라보는 사회적인 편견 또한 사라져야 합니다.

더 이상 입양의 어두운 그림자가 우리 아동들을 덮치지 못하게 해야 합니다.

[21조]

입양제도를 인정하거나 허용하는 국가는 아동 이익이 최우선으로 고려되도록 보장해야 한다. 또한 국가는

가. 아동의 입양은 적용 가능한 법과 절차에 따라 적절하고 신빙성 있는 모든 정보에 기초해, 부모나 친척, 법정후견인에 대한 아동의 신분에 비추어 입양이 허용될 수 있고, 요구되는 경우 관계자들이 협의에 기하여 입양에 대한 분별 있는 승낙을 하였음을 결정하는 관계당국에 의해서만 허가되도록 보장해야 한다.

나. 국제입양은 아동이 위탁양육자나 입양가족에게 맡겨질 수 없거나 또는 어떠한 적절한 방법으로도 출신국에서 양육될 수 없는 경우, 아동양육의 대체 수단으로써 고려될 수 있음을 인정해야 한다.

다. 국제입양 대상 아동이 국내입양의 경우와 대등한 보호 장치와 기준을 누릴 수 있도록 보장해야 한다.

라. 국제입양에 있어서 양육지정이 관계자들에게 부당한 재정적 이익을 주는 결과가 되지 않도록 모든 적절한 조치를 취해야 한다.

마. 적절한 경우에는 양자 또는 다자간 약정이나 협정을 체결해 이 조의 목적을 촉진시키며, 이러한 테두리 내에서 아동의 타국 내 양육지정을 관계당국이나 기관이 실시하도록 확보하는 노력을 해야 한다.

우리는 받아들일 수 있었을까?

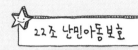

22조 난민아동 보호

"얘들은 우리나라 사람들 아니에요. (그러니 무시당해도 할 수 없죠)"

바닷가에서 주검으로 발견된 시리아 소년 아일란을
기억하실 겁니다. 꼭 피해자가 생기거나 죽어야만 관심을
받게 되는 것 같아 씁쓸합니다. 하지만 대한민국과 우리
국민들이 똑같은 문제를 어떻게 풀고 있는지도 한번 돌아봐야
되지 않을까요? 만약 아일란 가족이 우리나라에 난민 신청을
했다면 어땠을까요? "세계적으로 난민 인정을 받기가
가장 어려운 한국 난민법에 준해 심사를 받게 될 것이며,
상당한 시간을 하수종말처리장과 헬기장 사이에 놓인 '혐오시설'인
영종도 난민지원센터에서 보내야 할 것이다.*"
슬프지만 우리가 직접 나설 일은 아니라고 여기는 걸까요?

(* 서울대 박원호 교수의 경향신문 칼럼 '[정동칼럼]
아일란의 운동화'에서 인용하였습니다.)

재난이나 재해가 일어나면 가장 먼저 아동을 보호해야 합니다

끊이지 않는 전쟁과 테러, 자연재해로 고통받는 아동이 계속 늘고 있습니다. 재난이 발생했을 때 여성과 아이가 사망할 확률은 성인 남성에 비해 무려 14배나 높습니다. 태어난 지 얼마 안 된 신생아가 재해현장에서 생존할 확률은 10퍼센트 미만에 불과합니다. 그래서 전쟁이나 자연재해로 난민이 발생했을 때 중요한 원칙은 아동, 임산부, 여성, 노약자처럼 가장 취약한 사람들부터 먼저 보호해야 합니다.

난민아동보호 문제도 국제사회의 큰 이슈입니다. 수많은 아동들이 분쟁과 탄압, 극도의 빈곤을 피해 고국을 등지고 다른 나라로 떠나고 있기 때문입니다. 시리아, 소말리아, 에리트레아, 수단 등지로부터 많은 아동과 가족들이 내전을 피해 더 안전한 곳을 찾아 사하라 사막을 건너 리비아 해안으로 향합니다.

피난 가는 길은 험난하기 이를 데 없습니다. 탈수, 영양실조, 납치, 구금, 착취, 고문, 아동노동, 인신 매매, 성폭력에 이르기까지 수많은 위험이 도사리고 있습니다. 심지어 목숨을 잃기도 합니다.

2015년 세 살배기 소년 아일란이 터키 해변에서 싸늘한 주검으로 발견되는 안타까운 일이 일어났습니다. 빨간 티셔츠와 파란 반바지에 운동화 차림으로 엎드려 있던 아일란의 모습은 마치 어린아이가 곤히 자고 있는 것처럼 보여 더욱 가슴을 울렸습니다.

각종 소셜네트워크서비스(SNS)에는 난민의 유입을 막는 각국의 이기적인 행태를 비난하며 난민 문제를 해결하라는 목소리가 일었고, 우리나라도 이 일을 계기로 난민에 대한 관심이 높아졌습니다. 하지만 지금까지도 우리나라에서 난민의 지위는 크게 달라진 게 없습니다. 그야말로 '쫓아내지 않는 수준'입니다.

유엔아동권리위원회는 난민아동 혹은 난민의 지위를 신청한 아동이 자국에 남아있는 동안 어떠한 차별 없이 협약이 명시한 아동의 권리를 보장하도록 회원국들에게 권고합니다.

그런데 만약 아일란이 우리나라에 와서 난민 신청을 했다면 난민 지위를 인정해주는 것에 찬성할 사람은 과연 몇 명이나 될까요?

[22조]

1. 국가는 난민의 지위를 요청하거나 적용 가능한 국제법과 국내법 절차에 따라 난민으로 규정된 아동이, 부모나 다른 사람과의 동반 여부와는 관계없이, 이 협약 및 해당국가의 국제인권 또는 인도주의 관련 문서에 규정된 권리를 향유함에 있어 적절한 보호와 인도적 지원을 받을 수 있게 하기 위해 적절한 조치를 취해야 한다.

2. 이 목적을 위해, 국가는 유엔 및 유엔과 협력하는 여타의 권한 있는 정부간 또는 비정부간 기구들이 이러한 아동을 보호, 원조하고 가족재결합에 필요한 정보를 획득하기 위해 난민아동의 부모나 다른 가족구성원을 추적하는 데 기울이는 노력에 대해서도 적절하다고 판단되는 협조를 제공해야 한다. 부모나 다른 가족구성원을 찾을 수 없는 경우, 이 아동은 영구적 또는 일시적으로 가정환경을 박탈당한 다른 아동과 마찬가지로 이 협약에 규정된 바와 같은 보호를 받아야 한다.

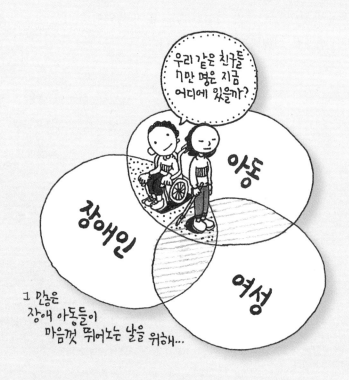

그 많은 장애아동들은 모두 어디에 있나요?

지하철 계단에 설치된 휠체어 리프트가 유치한 벨 소리를 울리며
천천히 내려올 때면 '만약 내가 타고 있다면 어떨까?' 라는
생각이 듭니다. 몹시 부끄러울 것 같습니다.
장애는 불편하지만 결코 부끄러운 일이 아닌데도 말이죠.
요즘엔 엘리베이터가 있어서 그나마 다행입니다.
장애인, 아동, 여성은 곧잘 사회적인 약자가 됩니다.
장애아동은 말할 것도 없습니다. 혹시 '한번 약자는
영원한 약자'로 여기는 게 아닌지 궁금합니다.
그러면 약자는 약자라서 소외되고,
나머지는 그렇게 되지 않으려고 철저히 외면해 버립니다.
이런 사회에선 결국 모두 불안해집니다.

장애아동은 국가의 보호와 지원을 받을 권리가 있습니다

혹시 최근에 장애아동을 만난 적이 있나요? 우리나라 장애아동은 7만여 명 정도입니다. 이렇게 많은데도 사람들은 평소 장애아동과 마주칠 기회가 그리 많지 않습니다. 왜 그럴까요?

먼저 장애아동들은 비장애아동에 비해 가고 싶은 곳에 갈 수 있는 자유가 제한되어 있습니다. 신체적이나 정신적으로 불편하기 때문만은 아닙니다. 버스나 식당, 쇼핑몰, 수영장, 공원 등 아이들을 흔히 만날 수 있는 장소에 가보면 장애아동이 다니기에 무척 불편합니다. 특히 휠체어를 타는 장애아동이라면 조금만 다녀도 금세 느낄 수 있을 정도입니다.

휠체어를 타고 다니는 장애아동은 혼자 버스에 오르내릴 수 없습니다. 지하철을 타려면 사람들의 눈길을 한몸에 받으며 요란한 벨소리가 울리는 휠체어 리프트를 이용해야 합니다. 학교도 불편하기는 마찬가지입니다.

장애아동을 위한 편의시설이나 행정이 뒷받침되지 못한다면 장애아동은 원하는 장소는 물론 새로운 정보나 기회까지 모두 자유롭게 접할 수 있는 권리인 '접근권'을 제한받을 수밖에 없습니다. 접근권에 제약이 생기면 교육받을 권리나 놀 권리, 다양한 사회활동에 참여할 권리마저 줄어들 수밖에 없습니다. 장애가 있다고 누려야 할 권리를 빼앗아서는 안 됩니다.

장애아동은 비장애아동과 똑같이 보호받아야 하는 권리의 주인입니다. 그런데 왜 이런 차별이 발생하는 걸까요? 가장 큰 이유는 장애를 바라보는 사람들의 편견과 장애아동의 신체적, 정신적 특성을 배려하지 않는 사회 환경에 있습니다.

프랑스에서 만든 공익 광고를 보면 이런 장면이 나옵니다. 거리에는 온통 휠체어를 탄 사람들로 붐비고 비장애인이 오히려 휠체어를 피해 조심스럽게 걷습니다. 도서관에 있는 책자는 모두 점자로 되어 있어 점자를 모르면 책도 읽을 수 없습니다. 광고는 장애인 도시에서 살아가는 비장애인의 모습을 보여줌으로써 지금 우리가 살아가는 환경이 장애인에게 얼마나 불편한지 역설적으로 보여줍니다.

장애아동만을 위한 특별한 시설을 고안하기보다 일상에서 장애인과 비장애인 모두를 고려한 정책적 접근이 필요합니다. 그래야 장애아동이 차별이라는 감옥에 갇히지 않을 테니까요.

[23조]

1. 국가는 정신적·신체적 장애아동이 존엄성이 보장되고 자립이 촉진되며 적극적 사회참여가 조장되는 여건에서 충분히 품위 있는 생활을 누려야 함을 인정한다.

2. 국가는 장애아동의 특별한 보호를 받을 권리를 인정하며, 신청에 기하여 활용 가능한 재원의 범위 내에서 아동의 여건과 부모나 다른 아동양육자의 사정에 적합한 지원이 해당아동과 양육책임자에게 제공되도록 장려하고 보장해야 한다.

3. 장애아동의 특별한 어려움을 인식하고, 2항에 따른 지원은 부모나 다른 아동양육자의 재원을 고려해 가능한 무상으로 제공되어야 하며, 장애아동의 가능한 전면적인 사회참여와 문화적·정신적 발전을 포함한 개인적 발전의 달성에 공헌하는 방법으로 아동이 교육과 훈련, 건강관리지원, 재활지원, 취업준비 및 오락 기회를 효과적으로 이용하고 제공받을 수 있도록 계획되어야 한다.

4. 국가는 국제협력의 정신에 입각해, 그리고 다음 분야에서의 능력과 기술을 향상시키고 경험을 확대하기 위해, 재활과 교육 및 직업보도 방법에 관한 정보 보급과 이용을 포함해 예방의학 분야 및 장애아동에 대한 의학적·심리적·기능적 처치분야에 있어서 적절한 정보 교환을 촉진해야 한다. 이 문제에 있어서 개발도상국의 필요에 대해 특별한 고려가 베풀어져야 한다.

"아이들에게 총은 쉽게 주면서, 책을 주는 일은 왜 이토록 어려워할까요? 탱크는 쉽게 만들면서 학교 짓는 건 왜 이토록 힘들어할까요? 45년 전에 인류는 이미 달에 갔는데 인간에게 더 이상 불가능한 일이 있을까요? 이번 세기에 모든 아동이 질 높은 교육을 받을 수 있도록 우리 모두가 지금 바로 행동에 나서야 합니다."

24조 건강하고 안전할 권리

건강하게 잘 먹어야죠

썩 좋은 비유는 아니지만, 군대에서 훈련받을 때면
"작전에는 실패해도 배식에 실패하면 용서없다."는 말을
밥 먹을 때마다 들었습니다. 학교나 회사에서 단체로 합숙하거나
연수를 하면 평소 거들떠보지 않던 초코파이라도 나만 안 주면
마음이 꽤 상합니다. (초코파이를 무시하는 건 아닙니다만)
꼭 배가 고파서라기보다 나만 빠졌다는 소외감 때문이겠죠.
좋은 음식, 맛있는 음식을 말할 때 먹는 사람을 배려하는 정성이 빠지지 않습니다.
밥은 몸의 양식이자 그 자체로 마음의 양식입니다.
그렇다면 집 밥을 못 먹거나 끼니를 거르는 아이들에겐
더욱 영양과 정성이 담긴 밥을 챙겨줘야 하지 않을까요?

아동은 건강하고 안전하게 살아갈 권리가 있습니다

아이들에게 '밥'은 단순히 배고픔을 해결해주는 '끼니' 이상의 의미를 갖습니다. 끼니를 거를 수밖에 없는 아이들이 느끼는 결핍은 단지 한 끼의 '밥'을 못 먹는 것에서 끝나지 않습니다. 삶의 어느 부분에서 균형이 깨졌다는 것, 아동의 권리가 존중받지 못하고 있다는 걸 의미합니다.

우리나라 아동의 '건강에 대한 권리' 수준을 살펴봤을 때, 가장 먼저 눈에 띄는 것 중에 하나가 바로 결식아동 문제입니다. 결식아동이란 하루 한 끼 이상 굶거나 다른 이의 도움 없이는 끼니를 해결할 수 없는 아동을 말합니다. 관련 통계에 따르면 우리나라에는 무려 33만여 명의 결식아동이 있습니다. 또한 빈곤가정의 아동 절반이 영양부족을 겪고 있습니다.

결식아동들의 생활을 들여다보면, 대부분 학교급식으로 점심을 먹고 나머지는 국가와 지자체가 제공하는 급식카드로 끼니를 해결하고 있습니다. 그런데 급식카드로 쓸 수 있는 금액은 한 끼에 3천 5백 원~4천 원 정도입니다. 그러니 먹을 수 있는 음식은 분식점에서 김밥이나 라면 정도이고, 대부분 편의점에서 컵라면이나 인스턴트식품으로 끼니를 때웁니다.

한창 자라는 나이에 아이가 어떤 음식을 어떻게 먹느냐는 아이들의 건강과 생명에 큰 영향을 끼칩니다. '밥을 못 먹는다.', '급식비를 못낸다.'는 건 달리 말하면, 아동이 건강하고 안전하게 살고 있지 못하다는 뜻입니다. 이런 결식아동들에게 제대로 된 한 끼를 마련해주려고 학교급식을 보편적 급식(무상급식)으로 추진했지만 아직도 논란이 끊이지 않고 있습니다.

국가는 아동이 어떠한 상황에서도 충분한 영양을 섭취하고, 아플 때 적절한 치료를 받으며 건강하고 안전하게 생활할 권리를 누릴 수 있도록 최선의 노력을 다할 의무가 있습니다. 잊지 마십시오. 밥 한 끼가 곧 사회적 관심입니다.

[24조]

1. 국가는 가능한 최상의 건강수준을 향유하고, 질병 치료와 건강 회복을 위한 시설을 이용할 수 있는 아동의 권리를 인정한다. 국가는 건강관리지원의 이용에 관한 아동의 권리가 박탈되지 않도록 노력해야 한다.

2. 국가는 이 권리의 완전한 이행을 추구해야 하며, 특히 다음과 같은 적절한 조치를 취해야 한다.

   가. 유아와 아동사망률을 감소시키기 위한 조치

   나. 기초건강관리의 발전에 중점을 두면서 모든 아동에게 필요한 의료지원과 건강관리의 제공을 보장하는 조치

   다. 환경오염의 위험과 피해를 감안하면서, 기초건강관리 체계 안에서 쉽게 이용할 수 있는 기술 적용과 충분한 영양식 및 안전한 식수 보급을 통해 질병과 영양실조를 퇴치하기 위한 조치

   라. 산모를 위해 산전산후 적절한 건강관리를 보장하는 조치

   마. 모든 사회구성원, 특히 부모와 아동은 아동의 건강과 영양, 모유수유의 이익, 위생 및 환경정화, 그리고 사고 예방에 관한 기초지식의 활용에 있어서 정보를 제공받고 교육받으며, 지원받도록 확보하는 조치

   바. 예방적 건강관리, 부모를 위한 지도 및 가족계획에 관한 교육과 편의를 발전시키는 조치

3. 국가는 아동의 건강을 해치는 전통관습을 폐지하기 위해 모든 효과적이고 적절한 조치를 취해야 한다.

4. 국가는 이 조에서 인정된 권리의 완전한 실현을 점진적으로 달성하기 위해 국제협력을 촉진하고 장려해야 한다. 이 문제에 있어서 개발도상국의 필요에 대한 특별한 고려가 베풀어져야 한다.

누구에게는
대한민국이 보호자입니다

25조 시설아동 보호

대한민국이 돌보지 않는다면 아무도 돌봐주지 못해요

아프리카 아이들을 돕는다, 지진으로 피해입은 네팔 아이들을 돕는다,

시리아 난민 어린이를 돕는다고 하면 우리나라에도 도와야할

아이들도 많은데 굳이 그들까지 챙겨야 하느냐는 분들이 있습니다.

아이들을 돕는데 우선순위는 중요하지 않습니다.

왜냐하면 모두 도와야할 아이들이기 때문입니다.

그렇다면 우리는 대한민국 아이들을 얼마나 잘 돌보고 있나요?

보육시설 아이들 한끼 밥값이 일반 중학교 급식비 4천원의

반밖에 안 된다고 합니다.

아동에게 가혹하게 굴수록 나라의 미래도 가혹해집니다.

시설에서 자라는 아동은 국가가 양육해야 합니다

'도가니'를 기억하십니까? 2011년 영화가 개봉되면서 시설 내 인권 유린사태를 막기 위한 '도가니법'이 제정되기도 했습니다. 하지만 제2, 제3의 도가니 사건은 계속 발생하고 있습니다.

지난 2014년 지적장애인과 정신장애인, 그리고 아동이 거주하는 3개 시설을 운영하는 한 복지원에서 장애인을 때리고 마당에 있는 개집에 감금하기도 했다는 사실이 뒤늦게 알려져 충격을 주었습니다. 피해 아동 중에는 열한 살 어린이도 있었습니다. 장애인과 아동시설을 국가가 제대로 관리 감독하지 못했기에 일어난 안타까운 사건이었습니다.

가정에서 보살핌을 받을 수 없게 된 아동은 가족을 대신해 돌봐줄 사람과 공간이 필요합니다. 이런 아동을 보호하기 위해 우선 국가는 조부모나 친인척을 찾아보고 여의치 않으면 다른 일반 가정에 아동의 양육을 위탁합니다. 만약 이것도 안 되면 양육시설 순으로 아동보호 방안을 고려해야 합니다. 하지만 우리나라는 국가가 지급하는 양육지원비가 턱없이 낮기 때문에 위탁제도가 활성화되지 않아 갈 곳 없는 아동들은 곧바로 시설에 갈 수밖에 없습니다.

이렇게 시설에서 자랄 수밖에 없는 아동을 국가는 적극적으로 양육해야 할 의무가 있습니다. 그리고 아이들 양육을 위해서는 가장 기본적으로 아이들 밥상에 관심을 가져야 합니다. 그런데 시설에서 지내는 아동들은 가난한 밥상에 의지해 살아가고 있습니다. 현재 국가가 시설

아동에게 지원하는 밥값은 한 명당 2천 원입니다.

지금 과연 시설에서 지내는 아이들은 건강하고 안전하게 보호받으며 생활하고 있을까요? 만약 국가가 시설의 현황과 실태를 제대로 파악하고 꾸준히 관리 감독을 해왔다면 지금과 같은 열악한 환경을 개선할 수 있지 않았을까요?

가정의 보살핌을 받지 못하는 아이들을 더 이상 인권 사각지대로 내몰아서는 안 됩니다. 국가가 시설에 대한 책임을 다하지 않고 관리 감독마저 소홀히 할 때 '도가니 사건' 같은 복지시설 내 인권유린사태는 반복될 수 있습니다.

아동인권을 보호하고 건강한 대안 양육체계를 유지하려면 시설에 대한 국가의 책임이 더욱 강화되어야 합니다. 그렇지 않으면 버려진 아이들을 국가가 두 번 버리는 셈이나 다름없습니다.

[25조]
국가는 신체적, 정신적 건강관리, 보호 또는 치료의 목적으로 관계당국에 의해 양육지정 조치된 아동이 제공되는 치료 및 양육지정과 관련된 모든 상황을 정기적으로 심사받을 권리를 가짐을 인정한다.

대.한.민.국. 네 글자가 보험이 되는 그날까지.

⭐ 26조 사회보장제도

대.한.민.국. 이 네 글자가 보험이 되는 그날까지!

회사 다닐 때 브랜딩과 마케팅을 하면서
"우리 상품과 서비스를 사람처럼 생각해라. 어떤 사람인지
인격을 입혀라. 그래야 고객과 쉽게 친해질 수 있다."는 말을
자주 들었습니다. 요즘 들어 '국가 브랜드'란 말을 자주 쓰는데,
그렇다면 대한민국에 인격을 입힌다면 과연 어떤 사람일까 궁금합니다.
말없이 이야기 들어주고 조용히 도와주는 경험 많은 어르신?
앞에서 다할 것처럼 떠들어대지만 정작 하는 일은 없는 어수룩한 허당?
아니면 약한 사람에게 강하고 강한 사람에게 약한 얍삽한 아저씨?
사람마다 다르겠지만 2019년 대한민국이 OECD 국가 중
소득불평등이 가장 높은 나라가 된다는 이야기를 들으니
인상이 그리 좋아 보이지는 않네요. (저만 그런가요?)

아동은 사회보장제도의 혜택을 받을 권리가 있습니다

아동은 경제적으로 어른에게 의존할 수밖에 없습니다. 그래서 아동의 부모나 가족의 위기는 곧 아동인권의 침해로 이어지기 쉽습니다. 만약 부모나 가족 구성원이 갑자기 아프거나 실직하거나 사고를 당했을 때 사회보장제도가 없다면 아동의 권리는 심각하게 침해받을 수밖에 없습니다.

사회학 용어 중에 '사회적 배제'라는 말이 있습니다. 한 가족이 가족관계나 취업, 복지 서비스 등 여러 차원에서 사회와 단절되는 걸 뜻합니다. 만약 한 가정의 가장이 실업을 하면 단순히 직업이 없는 상태로만 그치지 않습니다. 소득이 없으면 직장뿐만 아니라 사회와도 단절됩니다.

심지어는 가족 전체가 단절되기도 합니다. 미래에 별다른 희망이 없다고 느끼면 부모는 무기력해집니다. 희망 없는 삶에서 개인의 권리 또한 실현되기 어렵습니다. 더 심각한 문제는 한 번 사회적 배제를 겪으면 사회보장제도가 발견하지 못해 아동은 더욱 방치될 수 있다는 점입니다.

우리 사회를 떠들썩하게 한 아동학대 사건은 사회적 배제가 인간의 권리를 어떻게 침해하는지 여실히 보여줍니다. 한국아동권리학회에서 발간한 논문 <OECD 국가의 사회경제적 특성과 아동학대 발생과의 관계에 관한 연구(2012년)>에 따르면, 불평등과 아동빈곤을 방치한 국가일수록 아동이 학대를 받아 사망하는 경우가 많았습니다.

더 이상 경제적 불평등이 아동의 생명과 건강을 위협하지 않아야 합니다. 그러기 위해서는 국가가 사회보험을 포함한 사회보장제도를 광범위하게 운영해야 합니다. 어른이 아동을 지원하는 것이 불가능할 때 국가가 아동을 직접 지원하거나 혹은 아동의 양육을 책임지는 어른을 통해 지원할 의무가 있기 때문입니다. 사회보험은 어른뿐만 아니라 아동의 인간적인 생활수준을 보장하는 데 큰 역할을 합니다.

묻지도 따지지도 않고 보장해준다는 보험회사 광고가 우리나라 아이들에게 보내는 메시지가 되어 우리 아이들이 대한민국이라는 보험을 믿고 건강하게 자랄 수 있으면 어떨지 상상해봅니다.

스웨덴에선 이미 40년 전에 '모든 아이는 모두의 아이'라는 슬로건이 총선에서 큰 이슈가 되었습니다. 이제 대한민국에서도 이 슬로건이 뜨거운 바람을 일으켰으면 합니다.

[26조]

1. 국가는 모든 아동이 사회보험을 포함한 사회보장제도의 혜택을 받을 권리가 있음을 인정하며, 국내법에 따라 이 권리의 완전한 실현을 달성하기 위해 필요한 조치를 취해야 한다.

2. 이러한 혜택은 아동 및 아동 부양책임자의 재력과 상황은 물론 아동이 직접, 또는 대리인을 통한 혜택 신청과 관련된 여타의 사정을 참작해 적절한 경우에 부여되어야 한다.

⭐ 27조 기본적인 생활수준

사각지대가 없는 복지가 진짜 복지에요

서울시에서 진행한 디자인을 통해 범죄를 줄이는
셉티드(CCPTED - Crime Prevention Through Environmental Design)
프로젝트에 참여한 적이 있습니다. 모 중학교를 폭력 없는 학교로
만들기 위해 전문가들이 가장 먼저 한 일이 사각지대를 없애는 것이었습니다.
가로등을 예로 들면 밝기나 수보다 간격을 잘 맞추는 게 훨씬 중요합니다.
아무리 등이 많고 밝아도 군데군데 어두운 곳이 생기면
범죄자들은 숨을 곳으로 여깁니다. 조도를 낮추더라도
이런 '사각지대'를 없애는 게 중요합니다.
2014년 송파 세 모녀 사건이 있었습니다. 생활고에 시달리다
집세와 공과금을 남겨놓고 동반자살을 했습니다.
많이 좋아졌다고 하지만 대한민국에는 아직까지
'사각지대'가 남아있습니다.

아동은 기본적인 생활수준을 누릴 권리가 있습니다

사회복지정책은 모든 구성원이 인간다운 삶을 누릴 수 있도록 국가가 마련하는 서비스입니다. 그런데 사회복지정책을 얘기하다 보면, 대한민국 국민이라는 사실이 부끄러울 때가 있습니다.

2013년 경기도 고양시에서 아직 10대에 불과한 세 자매가 집에서 방치되어 건강이 악화된 상태로 발견되었습니다. 둘째는 발작과 허리디스크, 정서불안에 시달렸고, 막내는 하반신 마비를 겪고 있었습니다. 세 자매는 3년 넘게 학교에 다니지 못했고, 발견 당시 모두 영양실조 상태였습니다. 그런데도 가족뿐 아니라 학교나 이웃, 국가 모두 이 아이들을 방치했습니다.

2014년에는 생활고에 시달린 엄마가 집세와 공과금을 남겨놓고 두 딸과 함께 자살한 '송파 세 모녀 사건'이 있었습니다. 이들 역시 수입이 전혀 없었고 질병까지 앓고 있었지만 사회보장 혜택을 전혀 받지 못했습니다. 얼마나 막막했으면 "죄송합니다. 마지막 집세와 공과금입니다. 정말 죄송합니다."라는 메모를 남기고 죽음을 선택했을까요?

이 두 가족이 사회복지 혜택을 받지 못한 이유는 바로 부양의무제 때문입니다. 고양시 세 자매는 부모가 돌보지 않았는데도 명목상 보호자가 있다는 이유로 국가로부터 외면당했고, 송파 세 모녀는 질병을 앓고 있었는데도 근로능력이 있다는 이유로 취약계층으로 인정받지 못했습니다. 가족의 역할을 존중하고 보호하려고 했던 부양의무제가 원래

취지와 달리 예상치 못한 결과를 불러온 거지요.

하지만 아동보호 의무는 가족뿐만 아니라 국가와 사회에도 있습니다. 우리 모두가 이 사실을 명심해야 합니다.

모든 아동은 제대로 입고, 먹고, 교육받고, 안전한 곳에서 살면서 기본적인 생활수준을 누릴 권리가 있습니다. 따라서 국가는 아동이 건강하게 자랄 수 있도록 기본적인 의식주를 보장해야 합니다. 더 이상 복지 사각지대에 놓인 아이들이 없게 해야 합니다.

[27조]

1. 국가는 모든 아동이 신체적·지적·정신적·도덕적·사회적 발달에 적합한 생활수준을 누릴 권리가 있음을 인정한다.

2. 부모 또는 아동에 대하여 책임 있는 사람은 능력과 재정의 범위 안에서 아동 발달에 필요한 생활여건을 확보할 일차적 책임을 진다.

3. 국가는 국내 여건과 재원의 범위 안에서 부모 또는 아동에 대해 책임 있는 사람이 이 권리를 실현하도록 지원하는 조치를 취해야 하며, 필요한 경우에는 특히 영양과 의복, 주거에 대해 물질적 보조 및 지원계획을 제공해야 한다.

4. 국가는 국내외에 거주하는 부모 또는 아동에 대해 재정적으로 책임 있는 사람으로부터 양육비 회수를 확보하기 위한 모든 적절한 조치를 취해야 한다. 특히 아동에 대해 재정적으로 책임 있는 사람이 아동과 다른 국가에 거주하는 경우, 국가는 국제협약 가입이나 그러한 협약의 체결은 물론 다른 적절한 조치의 강구를 촉진해야 한다.

총을 주는건 쉽게 하면서
책을 주는 건 왜 그렇게 어려운지…

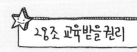 28조 교육받을 권리

교육받을 권리는 소득, 국적, 인종, 불법 이주와 관계없어요

"강하다는 나라들이 평화를 가져오는데는 왜 이렇게 약한가,
 총을 주는 건 쉽게 하면서 책을 주는 건 왜 이렇게 어려운가,
 탱크는 쉽게 만들면서 학교를 짓는 건 왜 이렇게 힘든가.
 45년 전에 이미 달에도 갔는데 무엇이 불가능한가.
 이번 세기에 모든 어린이가 질 높은 교육을 받을 수 있도록
 우리 모두가 지금 바로 행동에 나서야 한다."

　　　　　　　　　　　　　　　　　　　　_ 말랄라 유사프자이*

(*파키스탄 탈레반에 맞서 여자 어린이의 동등한 교육권을 주장하다가
 탈레반의 보복으로 머리에 총을 맞았고 구사일생으로 살아났습니다.
 그 뒤로 전 세계를 상대로 어린이 교육권을 호소한 공로를 인정받아
 17세 나이에 노벨평화상을 받았습니다.)

아동은 교육받을 권리가 있습니다

아동이라면 만 18세가 되지 않은 어린이와 청소년이라 당연히 학생으로 여깁니다. 하지만 초등학생에 해당하는 전 세계 6억 5천만 명의 아동 중 2억 5천만 명이 읽고, 쓰고, 셈하는 기초교육을 받지 못하고 있습니다. 이중 절반의 아동은 아예 학교를 가본 적이 없거나 3학년까지만 교육받고 학업을 중단했습니다. 심지어 인도와 파키스탄 등 여러 나라에서는 사회적 금기 때문에 여자아이들이 교육받을 권리마저 박탈당한 채 노동과 조혼을 강요받습니다.

교육열이 높다는 우리나라에도 교육 사각지대는 존재합니다. 아동은 만 7세가 되면 의무적으로 초등학교에 입학해야 하지만 한 해 평균 500~1000명의 아동이 취학통지서를 받지 못합니다. '거주지 불명' 아동은 아예 취학 대상자 명단에 오르지 않기 때문입니다. 또 해마다 4만 7천여 명의 학생들이 학업을 중단하고 있는데, 학교를 떠난 아이들의 소재는 파악도 제대로 되지 않습니다.

학교에 있든 없든 모든 아동에게는 교육받을 권리가 있습니다. 그러니 '거주지 불명' 아동을 찾아 나서고, 아이들이 왜 학교를 떠나 거리로 나오는지 원인을 살펴 대책을 마련해야 합니다. 모든 아이들에게 교육받을 권리를 보장하는 것은 국가의 의무이기 때문입니다.

여학생의 등교를 금지하고, 여학교를 불태운 탈레반의 만행을 국제사회에 고발한 소녀가 있습니다. 그리고 이 일로 총격을 당하고 온갖 살해협박을 받았지만 굴하지 않고 이후에도 아동의 교육받을 권리와 인권보호를 외쳤고, 2014년 만 17세 나이로 최연소 노벨평화상 수상자가 되었습니다. 바로 파키스탄의 십대 인권운동가 말라라 유사프자이 양의 이야기입니다.

유사프자이 양은 노벨평화상 수상 당시 연설에서 유엔이 연간 390억 달러(44조 원)만 더 투자해도 전 세계 아동이 중등교육까지 무상으로 받을 수 있다고 말했습니다. "이 돈이 커 보이겠지만 전 세계가 지출하는 연간 군사비의 8일치밖에 안 되는 금액"이라며 "문제는 돈이 아니라 교육에 투자하려는 지도자들의 의지"라고 지적했습니다.

[28조]

1. 국가는 아동의 교육에 대한 권리를 인정하며, 점진적으로 그리고 기회균등의 기초 위에서 이 권리를 달성하기 위해 특히 다음 조치를 취해야 한다.

  가. 초등교육은 의무적이며 모든 사람에게 무상으로 제공되어야 한다.

  나. 일반 및 직업교육을 포함한 여러 형태의 중등교육 발전을 장려하고, 이에 대한 모든 아동의 이용과 접근이 가능하도록 하며, 무상교육의 도입 및 필요한 경우 재정적 지원을 제공하는 등의 적절한 조치를 취해야 한다.

  다. 고등교육의 기회가 모든 사람에게 능력에 입각해 개방될 수 있도록 해야 한다.

  라. 교육 및 직업에 관한 정보와 지도를 모든 아동이 이용하고 접근할 수 있도록 해야 한다.

  마. 학교에의 정기적인 출석과 탈락률 감소를 장려하기 위한 조치를 취해야 한다.

2. 국가는 학교 규율이 아동의 인간적 존엄성과 합치하고 이 협약에 부합하도록 운영되는 걸 보장하기 위한 모든 적절한 조치를 취해야 한다.

3. 국가는 특히 전 세계의 무지와 문맹 퇴치에 기여하고, 과학적, 기술적 지식과 현대적 교육방법에의 접근을 쉽게 하기 위해 교육에 관련되는 사항에 있어서 국제협력을 촉진하고 장려해야 한다. 이 문제에 있어서 개발도상국의 필요에 대해 특별한 고려가 베풀어져야 한다.

☆ 29초 교육의 목적

교육으로 사람과 세계와 우주를 만나요!

'어른들은 숫자를 좋아하는 것이다. 당신이 새로 사귄
친구에 대하여 이야기를 해보면 그들은 가장 중요한 것에
대해서는 도무지 듣지를 않는다. 그들은 "그 애 목소리는
어떻지? 그 앤 무슨 놀이를 가장 좋아하지? 나비를
수집하니?" 하고 묻는 법이 절대로 없다. "나이는
몇 살이지? 형제는 몇이고? 몸무게는? 아버지 수입은
얼마지?" 하고 물어대는 것이다. 그래야 비로소
그 친구에 대해 안다고 생각한다.'
– 생텍쥐페리, <어린왕자> 중에서

교육은 아동의 인격과 재능을 최대한 계발해주어야 합니다

　'교육은 모든 아동이 삶의 필수적인 기술을 학습할 수 있도록 보장해야 하며, 어떤 아동이라도 삶에서 마주치게 될 도전에 대해 아무런 준비도 갖추지 못한 채 학교를 떠나지 않도록 보장하는 것을 목표로 해야 한다.

　삶의 필수적인 기술이란 글을 읽고 쓰는 능력, 셈하는 능력뿐 아니라, 삶에서 일어나는 여러 가지 문제에 대해 스스로 균형 있게 결정할 수 있는 능력, 비폭력적인 방법으로 갈등을 해소할 수 있는 능력, 건강한 생활방식, 바람직한 사회적 관계와 책임감, 비판적 사고, 창조적 재능, 그리고 살아가면서 자신의 선택을 추구하는 데 필요한 다른 능력들을 스스로 계발할 수 있는 능력을 포함한다.'

　이 내용은 유엔아동권리위원회가 채택한 '교육의 목적'에 관한 일반 논평의 일부를 발췌한 것입니다.

　과연 우리나라는 아동들에게 이런 교육을 하고 있을까요? 지금 우리나라 아이들은 말 그대로 무한경쟁 속에서 살고 있습니다. 교육이 아이들에게 세상을 살아가는 힘을 키워주기는커녕 목표를 아이들의 대학 진학에 두고 성적순으로 아이들을 줄 세우고 있기 때문입니다. 좋은 대학에 가는 것, 돈을 많이 버는 것만이 성공이라고 인정하는 사회에서 '아동을 위한 교육'이 설 자리는 없습니다.

　'경쟁'과 '성공'만을 강요하는 사회에서는 아이들이 살아가면서 자신의 선택을 추구하는 데 필요한 다양한 능력을 스스로 계발할 자기 주도적이고 창의적인 교육이 이뤄질 수 없습니다.

홍성 풀무학교에 가면 교정에 '위대한 평민'이라고 쓰인 교비가 세워져 있습니다. 평범한 아이들이 가진 위대함, 그 가치와 잠재력을 인정하는 교육이 중요하다는 의미라고 합니다.

교육은 '무엇이 되라'고 가르치는 게 아니라 '어떻게 살아갈 것인가' 하는 삶의 가치를 가르치는 일이어야 합니다.

[29조]

1. 국가는 아동교육이 다음의 목표를 지향해야 한다는 데 동의한다.

　　가. 아동의 인격과 재능 및 정신적·신체적 능력을 최대한 계발

　　나. 인권과 기본적 자유 및 유엔헌장에 규정된 원칙에 대한 존중의 계발

　　다. 자신의 부모와 문화적 정체성, 언어 및 가치, 그리고 현거주국과 출신국의 국가적 가치 및 이질문명에 대한 존중의 계발

　　라. 아동이 인종적·민족적·종교적 집단 및 원주민 등 모든 사람과의 관계에 있어서 이해, 평화, 관용, 성 평등 및 우정의 정신에 입각해 자유사회에서 책임 있는 삶을 영위하도록 하는 준비

　　마. 자연환경에 대한 존중의 계발

2. 이 조 또는 28조의 어떠한 부분도 개인 및 단체가 항상 1항에 규정된 원칙들을 준수하고 해당 교육기관에서 실시하는 교육이 국가에 의해 설정된 최소한의 기준에 부합하여야 한다는 조건 하에, 교육기관을 설립하여 운영할 수 있는 자유를 침해하는 것으로 해석되어서는 안 된다.

우리도 보호받아야 할 아동이라고요

여행가이며 《러브앤프리》를 쓴 다카하시 아유무를 만났습니다.

그는 전 세계 아동들이 1년 동안 한 반에 모여 지내는 꿈의 학교를 준비하고 있습니다.

"아이들은 금방 친해지죠. 친구가 되면 국적은 의미가 없습니다.

이런 아이들이 자라 어른이 되면 '후진국 = 못 사는 나라,

후진국 국민 = 모자란 국인'이 아니라 그냥 '친구가 사는 나라'로 여기게 될 겁니다."

소수와 다수를 구분하는 건 많고 적음이 아니라 선입견과 편견입니다.

먼저 친구가 되면 구분도 사라집니다.

소수아동도 자신의 문화를 마음껏 향유할 권리가 있습니다

'소수아동'은 그 사회에서 인종과 종교, 언어 사용에 있어 다수가 아닌 소수에 속하는 아동을 말합니다. 우리나라에서는 다문화 가족 아동들이 대표적인 소수아동이라고 할 수 있지요. 현재 우리나라에는 외국인 주민 174만 명, 다문화 인구 81만 명, 다문화 가족 자녀 20만 명이 살고 있습니다.

그렇다면 지금 우리나라에서 소수아동의 권리는 얼마나 실현되고 있을까요? 2015년 인권위원회가 진행한 '이주아동 발달권 모니터링' 결과를 보면, 이주아동들은 학업과 학교생활, 또래집단과의 관계 등에서 차별을 비롯한 다양한 어려움을 겪고 있는 것으로 나타났습니다. 고등학교에 진학할 나이였지만 학교가 이주아동이라는 이유로 입학을 거부해 중학교 3학년으로 입학한 학생, 피부색이 검다는 이유로 학교에서 친구들에게 놀림을 받은 학생, 태권도를 익혔지만 무국적 상태라는 이유로 승품 심사에 참여할 자격을 박탈당한 학생 등 그 사례도 무척 다양합니다.

이렇게 최소한의 권리조차 보호받지 못하는 소수아동들을 위해 우리나라 첫 이주민 국회의원인 이자스민 의원이 2014년에 '이주아동 권리보장기본법'을 국회에 발의했습니다. 미등록 이주민 자녀들이 한시적으로나마 교육과 의료서비스를 받을 수 있도록 하는 가장 기본적인 내용을 담은 법안이었습니다. 하지만 여론의 반응은 차가웠습니다. 지금까지 이 법안은 국회에서 통과되지 않고 있습니다.

아직 우리 사회에는 소수아동을 바라보는 차별적인 시선이 있습니다. 그들에 대한 혐오와 적대감을 노골적으로 드러내기도 합니다. 내 눈에 낯설다고, 나와 다르다고 색안경을 끼고 바라보거나 서로의 '다름'을 존중하지 않는다면 언젠가는 심각한 사회 갈등이 일어날 수밖에 없습니다.

전문가들은 우선 소수아동의 권리보호에 관한 사회적 인식을 개선해야 한다고 말합니다. 사회 전반의 '인권 감수성'을 높이고, 다양성을 존중하는 사회를 만들려는 노력이 필요합니다.

유엔아동권리위원회는 아동에게는 다양성을 연결하는 특별한 능력이 있다고 말합니다. 어른들의 편견과 불안이 없다면 소수아동이 고유함을 누리며 더불어 사는 것은 오히려 아이들 세계에서 더욱 가능한 일일지도 모릅니다.

[30조]

인종적, 종교적 또는 언어적 소수자나 원주민이 존재하는 국가에서 이러한 소수자에 속하거나 원주민인 아동은 자기 집단의 다른 구성원들과 함께 고유문화를 향유하고, 고유의 종교를 신앙하고 실천하며, 고유의 언어를 사용할 권리를 거부당하지 않는다.

놀이는 밥이다. 놀이를 굶겨서는 안 된다.

☆ 31조 여가와 놀 권리

마음껏 놀 권리가 있어요!

'잘 노는 사람이 일도 잘 한다'는 건 상식입니다. 적절한
휴식과 여가가 생산성을 높인다는 연구결과도 무척 많습니다.
그런데 아이들이 조금이라도 놀려고 하면 부모님들은 몹시
불안해합니다. "이렇게 놀다가 언제 대학 갈래?
지금은 열심히 공부하고 나중에 대학 가서 놀아'라는 말을
하게 됩니다. 어떤 육아 전문가에게 아이 잘 키우는 법을
물어봤더니 대뜸 '남의 자식 키우듯 하라'고 대꾸하더군요.
(물론 농담입니다) 굳이 통계를 들먹이지 않아도 우리 아이들이
가장 오래 공부하고 가장 스트레스를 많이 받습니다. 그러다보니
행복도 역시 최악입니다. 이런데도 도대체 왜, 무엇 때문에
더 놀지 말아야 할까요? 혹시 우리 어른들이 마음껏 못 노니까
녀석들 맛좀 보라는 속 좁은 마음 때문은 아닐는지요.
(역시 농담입니다만.)

아동은 충분히 쉬고 마음껏 놀 권리가 있습니다

우리나라는 이미 100여 년 전에 아동의 '놀 권리'를 공식적으로 선언한 역사가 있습니다. 바로 1923년 5월 1일 제1회 어린이날 기념식에서 방정환 선생이 선포한 아동권리공약입니다. "어린이에게 그들이 고요히 배우고 즐거이 놀만한 각양의 가정 또는 사회적 시설을 행하라." 공약 3조의 내용입니다. 또한 〈어른들에게 쓰는 글〉에서는 "어린이들이 서로 모여 즐겁게 놀만한 놀이터와 기계 같은 것을 지어주시오."라며 놀이공간에 대한 아동의 권리도 얘기합니다.

하지만 그로부터 100여 년의 시간이 흐른 지금 우리나라 아동들의 놀 권리는 오히려 퇴색했습니다. 심지어 도시 환경에서 자라는 요즘 아이들은 놀이공간에 대한 권리마저 위협받고 있습니다. 몇 해 전에는 도시에서 뛰어놀 수 있는 그나마 유일한 공간인 놀이터가 대량 폐쇄·철거되는 웃지 못할 일도 있었습니다.

국가가 아동에게 충분한 놀이 공간을 만들어주고, 마음껏 놀 수 있는 기회를 다양하게 마련해줘야 하는 이유는 놀이를 통해 몸과 마음이 건강하고 균형 있게 성장할 권리가 아동에게 있기 때문입니다.

하지만 우리나라는 경제가 발전할수록 아동의 놀 권리가 오히려 위축되고 있습니다. 입시경쟁이 치열해지면서 과도한 공부에 시달리는 청소년들에게 공부는 아예 노동이 되어버렸습니다. 주중에 학업에 쏟는 시간이 무려 70시간에 이릅니다. 근로기준법이 정한 주중 40시간을 초과한 불법노동까지 하고 있는 셈입니다. 반면 자유롭게 쉬고, 놀며, 문화와 예술을 즐길 시간은 거의 없습니다. 음악, 스포츠, 동아리 활동 등 정기적인 취미활동에 참여하지 못하는 문화결핍률이 52.8퍼센트로 OECD 국가 중 가장 높습니다.

사람은 누구나 일정한 노동(혹은 공부) 후 적절한 휴식과 여가를 즐길 권리가 있습니다. 마찬가지로 아이들에게도 놀 권리가 있습니다. 전문가들은 아이들의 '놀 권리'가 보장되는 사회를 만들기 위해서는 먼저 '논다'는 것에 대한 우리 사회의 인식을 개선해야 한다고 말합니다.

'놀이'를 '게으름', '시간 허비' 등의 부정적인 이미지가 아닌 '창의'적이고 '긍정'적인 관점에서 바라볼 필요가 있습니다. 놀이운동가 편해문 씨는 아이들에게는 놀이가 '밥'이라고 이야기합니다.

아이들은 그저 어른이 간섭하지 않는 곳에서 놀 수 있는 '시간'과 '공간'만 필요할 뿐입니다. 어른들이 할 일은 아이들이 마음껏 뛰놀면서 세상을 살아갈 건강한 몸과 마음을 키울 수 있도록 지켜봐주고 기다려주는 것뿐입니다.

[31조]

1. 국가는 아동이 휴식과 여가를 즐기고, 자신의 나이에 적합한 놀이와 오락 활동에 참여하며, 문화생활과 예술에 자유롭게 참여할 수 있는 권리를 인정한다.

2. 국가는 아동이 문화적·예술적 생활에 완전하게 참여할 권리를 존중하고 촉진하여야 하며, 문화, 예술, 오락 및 여가활동에 참가할 수 있는 기회를 적절하고 균등하게 제공하도록 장려하여야 한다.

"피해아동이 상처를 딛고 건강하게 회복되기까지는 삶 전반을 보듬는 긴 치유 과정이 필요합니다. 특히 부모로부터 아무런 보호와 지원을 받지 못하는 아동일수록 국가와 사회가 나서서 아동이 심리적, 정신적, 인격적 회복을 통해 건강한 사회구성원으로 살아갈 수 있도록 도와야 합니다."

잘못된 아동노동은 안돼요!

아동노동이라고 해서 처음에는 해외여행에서 보았던
거리의 아이들이 떠올랐습니다. 그런데 아동노동 문제가
그리 먼데 있지 않았습니다. 우리나라 아동 (이제 잘
아시겠지만 청소년들도 엄연히 아동입니다!) 노동자 절반
가까이가 최저임금보다 낮은 임금을 받고 있다고 합니다.
심지어 아예 임금을 받지 못하거나 인격 모독까지 당합니다.
길거리에서 구걸하는 아이들을 보며 '어떻게 애들한테
이런걸 시키지. 어른들은 뭐 하는 거야. 역시 못 사는 데는
다 이유가 있네' 라며 마음속으로 실컷 손가락질했었습니다.
지금은 부끄럽습니다.

우리나라에서는 '아동노동'이라고 하면 많은 사람들이 해외의 가난한 나라 아동들을 떠올립니다. 그리고 우리나라와는 상관없는 일이라고 생각합니다. 우리나라에도 아동노동 문제가 엄연히 존재하는데도 말입니다.

현재 우리나라 노동법은 만 15세 이상이면 '일을 할 수 있는 나이'라고 규정하고 있습니다. 만 13세에서 14세까지의 아동도 취직인허증을 받으면 일을 할 수 있습니다. 그렇다면 일하는 아동의 수는 얼마나 될까요? 무려 21만 3000명입니다. 문제는 이 아동 중 63.7퍼센트가 법정 최저임금에도 못 미치는 임금을 받고 있다는 사실입니다. 게다가 법정 근로시간을 넘겨서 일하며, 근로계약서조차 작성하지 않는 경우가 절반으로 나타났습니다. 부당노동이 만연합니다.

대체 왜 이런 일이 일어날까요? 전문가들은 근본적으로 사회가 아동노동을 일회성 용돈벌이로 치부해 아동이 겪는 불이익을 당연하게 여기는 잘못된 인식에서 원인을 찾습니다. 심지어 아동이 부당하다고 항의하며 받지 못한 최저임금이나 주휴수당을 청구하면 "어린 게 돈을 밝힌다."고 되레 호통을 칠 정도니까요.

하지만 아동노동이 용돈벌이에서 생계유지의 수단으로 변한 지는 오래입니다. 특히 최근에는 가정경제 기반의 붕괴나 이혼가정의 증가와 가족갈등에 따른 가출 아동의 증가 등 다양한 원인으로 아동노동이 더 늘어나고 있는 실정입니다.

그래서 국제노동기구는 6월 12일을 세계 아동노동 반대의 날로 제정하고, 세계 각국에 아동노동의 근절을 촉구하고 있습니다. '아동노동'은 아동의 건강을 위협하고, 교육의 기회를 빼앗을 뿐 아니라 착취와 부당노동의 위험을 불러올 수 있으니까요. 따라서 국가는 아동을 부당노동으로부터 보호하기 위해 사회경제적 요인을 근본적으로 해결하려는 노력을 기울여야 합니다.

최저임금을 인상하여 아동의 노동시간이 줄어들도록 유도하고, 학교, 수련관, 도서관 등 아동 관련 기관이 주말시간을 이용해 아이들에게 적합한 일자리를 제공하는 등 사회복지 혜택을 강화해야 합니다.

아동이 노동을 해야 하는 경우라면 안전한 환경에서 권리를 존중받을 수 있도록 해야 합니다. 그래야 오토바이 배달과 같은 위험한 노동에 내몰리는 아동들을 실질적으로 보호할 수 있습니다. 그리고 아동이 노동 현장에서 자신을 보호할 수 있도록 국가가 먼저 나서야 합니다.

[32조]

1. 국가는 경제적 착취 및 위험하거나 아동의 교육에 방해되거나, 아동의 건강이나 신체적·지적·정신적·도덕적·사회적 발전에 유해한 모든 노동으로부터 보호받아야 하는 아동의 권리를 인정한다.

2. 국가는 이 조의 이행을 보장하기 위해 입법적·행정적·사회적·교육적 조치를 강구해야 한다. 이 목적을 위해, 그리고 여타 국제문서의 관련 규정을 고려해 국가는 특히 다음의 조치를 취해야 한다.

   가. 단일 또는 복수의 최저 고용연령의 규정

   나. 고용시간 및 조건에 관한 적절한 규정

   다. 이 조의 효과적인 실시를 확보하기 위한 적절한 처벌 또는 기타 제재수단의 규정

33조 해로운 약물로부터 보호

약물은 안돼요!

아동은 마치 바싹 마른 스펀지처럼 궁금한 게 있다면
언제든 빨아들일 준비가 되어 있습니다. 특히 어른들이
하지 말라는 건 왠지 궁금해서 더 하고 싶어집니다.
술 마시고 담배 피우는 게 그저 술 담배할 줄 아는 걸로
끝나지 않습니다. 호기심을 뛰어넘어 어른이 그어놓은
선을 넘는 표시가 됩니다. 특히 마약은 거리에서 사는 아동,
학교 가지 않는 아동, 난민아동, 재해상황에 놓인
아동들한테 노출될 위험이 아주 높습니다. 게다가 마약은
중독으로 이어지거나 곧잘 다른 범죄를 불러일으킵니다.

마약이나 약물은 무조건 No! 입니다.

국가는 해로운 약물로부터 아동을 보호할 의무가 있습니다

국제조약에서는 아편, 헤로인, 모르핀, 코카인, 대마초, 암페타민형 흥분제, 환각제 등을 해로운 약물로 규정하고 있습니다. 아동은 아직 성장하고 있기 때문에 이러한 약물에 노출될 경우 정신적·신체적으로 되돌릴 수 없는 피해를 입을 수 있습니다. 특히 한창 뇌가 발달하는 시기라서 성인보다 뇌에 더 심각한 손상을 입을 수 있습니다. 약물중독으로 인한 행동장애와 부작용도 성인보다 더 쉽게 나타날 수 있어 사회와 어른들이 각별한 관심을 기울여야 합니다.

하지만 최근 우리나라도 마약에 노출되는 청소년의 수가 급증하고 있습니다. 2011~2014년 사이에는 그 수가 무려 1.5배나 증가했습니다. 인터넷과 휴대전화, SNS가 일상화되면서 마약이나 약물에 아동이 무방비하게 노출되고, 마약에 대한 인식이나 위험 인지도가 낮은 상태입니다.

특히 청소년들은 친구나 주변 사람으로부터 마약을 권유받게 될 경우 이를 가볍게 여기거나 호기심으로 선택할 수 있어 우려도 큽니다. 실제로 청소년들이 약물에 노출되는 계기로 단순한 호기심과 모험심, 친구들의 압력이나 영향이 가장 많았습니다.

다른 한편, 빈곤국가에서는 경제적 능력이 없는 아동을 마약 밀매나 범죄에 이용하는 사건이 심각한 사회문제가 되고 있습니다. 지난 2014년 콜롬비아에서는 마약밀매조직의 마약운반책으로 추정되는 열한 살 소년의 몸에서 코카인이 든 캡슐 104개가 쏟아져 나오는 끔찍한 일이 벌어지기도 했습니다. 마약을 팔거나 범죄 조직의 심부름을 하며 겨우 생활을 이어가는 난민아동도 있습니다.

아동을 해로운 약물로부터 보호하기 위해서는 예방과 조기 발견이 중요합니다. 그리고 효과적인 예방을 위해 아동의 의견을 반영한 프로그램을 개발하고 운영해야 합니다. 이미 아동이 약물에 노출되었을 경우에도 범죄가 아닌 치료의 관점에서 해결책을 찾는 것이 필요합니다. 또한 아동이 더 이상 마약범죄에 이용되는 일이 없도록 보호해야 합니다. 이 모든 일에 국가는 적극 나서야 할 의무가 있습니다.

[33조]

국가는 관련 국제조약에서 규정하고 있는 마약과 향정신성 물질의 불법적 사용으로부터 아동을 보호하고 이러한 물질의 불법적 생산과 거래에 아동이 이용되는 것을 방지하기 위해 입법적·행정적·사회적·교육적 조치를 포함한 모든 적절한 조치를 취해야 한다.

더 이상 고통받는 아동이 없도록...

34조 성착취로부터 보호

성적대상이 아니에요

아동 성범죄를 저지르는 사람들이 누군지 짐작이 가십니까?
대부분 아빠, 삼촌, 오빠, 선생님, 친구들입니다. 사이코패스가
벌이는 특별한 사건이 아닙니다. 오히려 집, 학교, 동네처럼
'익숙한 곳'에서 '아는 사람들'이 '흔히 저지르는 범죄'입니다.
일상 속에서 자주 일어나다 보니 처벌보다는 미리 예방하는 게
훨씬 중요합니다. 또한 워낙 가까운 어른들이 저지르기 때문에
처벌하더라도 제대로 관리하지 않으면 또다시 피해를
입을 수 있습니다. 아무리 어른스럽게 보여도 만 18세가 되지 않은
어린이와 청소년은 모두 아동이라는 사실을 잊지 말아야 합니다.

국가는 성 착취와 성 학대로부터 아동을 보호할 의무가 있습니다

여기서 말하는 성 착취란 성폭력 행위를 넘어 아동을 대상으로 성적 활동에 종사하도록 유인하거나 강제하는 모든 형태의 행위를 말합니다. 성 학대란 어른의 성적 욕구 충족을 위해 아동을 성적 대상으로 삼는 학대의 한 형태를 말합니다.

아동인권단체들은 아동에 대한 가장 강력한 형태의 성 학대와 성 착취는 조혼이라고 말합니다. 지금도 전 세계에서 해마다 만 18세 미만의 어린 소녀 1000만여 명이 사실상 반강제로 조혼을 하고 있습니다. 주로 아프리카와 중동, 남아시아 등에서 소녀들이 조혼에 내몰리는데, 그 상당수는 십대 초반이며, 드물게는 만 10세 미만도 있다고 합니다.

조혼한 나이 어린 신부들은 성 학대를 당할 뿐 아니라 남편이나 남편 가족에게 얻어맞고, 대부분은 학교에도 다니지 못한 채 노동력을 착취당합니다. 아동권리운동가들은 3초에 한 명꼴로 아동이 반강제로 조혼에 내몰리는 문제에 대해 시급히 대책을 마련하라고 유엔과 각국 정부에 촉구하고 있습니다.

최근 우리나라에서 아동에 대한 성폭력과 관련해 아동음란물이 사회문제가 된 적이 있습니다. 아동대상 성범죄자들이 평소 아동음란물을 즐겨본다는 사실이 알려지면서 국가가 아동음란물을 제작·유포한 사람부터 단순히 다운받아 컴퓨터에 저장하고 있는 사람까지 검거에 나선 것입니다. 그러자 처벌 규정을 둘러싸고 논란이 벌어졌습니다. 하지만 우리나라 아동·청소년 보호법 2조에는 아동·청소년 음란물을 제작 유통하는 것뿐만 아니라 소지하는 경우도 처벌한다고 분명하게 밝히고 있습니다.

이 세상에서 아동 성 착취와 성 학대를 뿌리 뽑으려면 먼저 성폭력을 정당화하고 수용하는 사회 분위기와 가부장적이고 성차별적인 사회 구조, 어른과 아동 간의 불평등한 관계, 그리고 이윤지상주의라는 잘못된 가치관을 불식시켜야 합니다.

십대 소녀를 표현한 게임, 선정적인 영상물, 노출 경쟁을 벌이는 연예산업, 아동을 성 상품화하고 성적 대상화하는 콘텐츠들이 넘쳐나는 환경은 그 자체만으로도 아동에게 폭력이 될 수 있습니다.

지금도 어디선가 우리의 무관심으로 성 착취와 성 학대의 악몽 속에 고통받으며 힘겹게 싸우고 있을 아이들을 생각한다면 더 이상 지체할 시간이 없습니다.

[34조]

국가는 모든 형태의 성 착취와 성 학대로부터 아동을 보호해야 할 의무가 있다. 이를 위하여 국가는 다른 나라와 양국 간·다국 간에 최선의 노력을 기울여야 하며, 특히 다음의 사항을 방지해야 할 의무가 있다.

　가. 아동을 위법한 성적 활동에 종사하도록 유인하거나 강제하는 행위

　나. 아동을 매춘이나 기타 위법한 성적 활동에 착취적으로 이용하는 행위

　다. 아동을 외설적인 공연 및 자료에 착취적으로 이용하는 행위

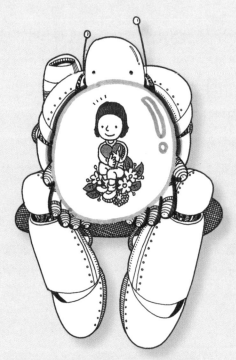

아이를 지키는 당신은 우주 영웅입니다.

35조 인신매매와 유괴로부터 보호

우리는 아이들을 지키는 짱가인가요?

초등학교 다닐 때 <짱가>란 텔레비전 만화를 무척 좋아했습니다.
'어디선가 누군가에 무슨 일이 생기면 짜짜짜짜짜 짱가!'라는
주제가는 국민가요에 버금갈 만큼 큰 인기를 끌었습니다.
짱가는 어린아이인 칸타로와 함께 우주 괴물들을 차례로 물리칩니다.
짱가가 대한민국에 사는 저까지 지켜준다고 믿었기에
주먹을 날릴 때마다 힘차게 응원했습니다. 그런데 마지막 편에서
짱가는 칸타로를 지키기 위해서 제 목숨을 버립니다.
주인공은 결코 죽지 않는다는 불문율(?)을 깨서 그랬는지 무척 충격이었습니다.
어른이 되고 뉴스에서 유괴사건을 볼 때마다 짱가가 떠오릅니다.
대한민국은, 우리 사회는, 어른들은, 제 자신은 우리 아이들을 지키는 짱가인가요?
오히려 우주괴물에 더 가까운가요?

국가는 인신매매와 유괴로부터 아동을 보호할 의무가 있습니다

매년 5월 25일은 '세계 실종아동의 날'입니다. 1979년 5월 25일, 미국 뉴욕에서 여섯 살인 에단 파츠가 등굣길에 유괴되어 살해된 사건이 있었습니다. 이 사건을 계기로 5월 25일은 인신매매, 납치, 유괴 등으로 실종된 아동에 대한 사회적 책임을 환기하고 아동실종 예방의 중요성을 알리는 국제적인 날로 제정되었습니다.

우리나라도 2007년부터 동참해 10년째 이날을 새기고 있는데 여전히 아동 유괴 사건은 끊임없이 발생해 수많은 아동들이 실종 상태에 있습니다. 하루 평균 60여 명, 한 해에만 평균 2만 5천 명의 아동이 실종됩니다. 내 아이가 하루아침에 실종되는 일이 나하고는 무관한 남의 일이라고 치부하기 어려울 정도입니다.

전문가들에 따르면 낯선 사람이 아동을 유인하는 데 걸리는 시간은 불과 35초라고 합니다. 하지만 많은 부모들이 '설마 내 아이한테 그런 일이 일어날까.' 하는 안이한 생각에 실종·유괴 예방지침을 잘 인지하지 못하고 있습니다. 아동실종은 일단 사건이 벌어지면 찾기가 쉽지 않아 사후대책보다 예방이 무척 중요합니다. 그런데도 아동실종에 대한 사회적 경각심은 여전히 낮은 수준입니다.

애니메이션 영화 〈니모를 찾아서〉는 처음 학교에 가던 날 낯선 물고기에게 유괴되어 사라진 아들 니모를 찾아 나선 아빠 물고기의 이야기를 담고 있습니다. 아빠 물고기는 어려움이 닥칠 때마다 좌절하며 말합니다. "어차피 아무도 안 도와주잖아. 이 넓은 바다에 나만 혼자야."

하지만 아빠 물고기의 생각과는 달리 온 바다가 아빠 곁에 있습니다. 우연히 여정을 함께하게 된 건망증이 심한 물고기 도리는 말합니다. "이 큰 바다에 우리 둘 뿐이겠어?" 물고기 떼 역시 아빠를 응원합니다. "긴장 풀고 잘 찾아." 거북이와 바다 새들은 아들을 찾아 나선 아빠 물고기의 이야기를 온 바다에 알립니다. 니모가 있는 곳까지 닿도록 말이죠.

지금도 우리 주변에는 니모처럼 갑작스럽게 부모와 헤어져 집으로 돌아오지 못하고 있는 아이들이 많습니다. 우리 사회도 니모가 사는 바다처럼 되어야 합니다. 절망에 빠진 아빠 물고기를 온 바다가 응원해주듯이, 우리 모두가 아직 집으로 돌아오지 못한 아이들을 기억하고 슬픔에 빠진 부모들과 함께할 수 있다면 우리도 아이를 찾을 수 있지 않을까요?

[35조]

국가는 모든 목적과 형태의 아동유괴나 매매 또는 거래를 방지하기 위한 모든 적절한 국내적, 양국 간, 다국 간 조치를 취해야 한다.

엄마, 몇 밤 지나면 행복해져?

어른들의 꿈을 대신 이루는 수단이 아니에요

"아이답지 않게 어른스럽다"는 말은 결코 칭찬이 될 수 없습니다.
그런데 성공과 출세를 위해 아동의 의사와 상관없이 '애어른'으로
만드는 일이 생기곤 합니다. 특히 예체능 분야에서 두드러지는데,
재능이 보이는 아동은 어른 못지않게 연습하고 활동합니다.
재능이 오히려 친구 사귀며 마음껏 놀고 쉴 수 있는 행복한 유년기를
빼앗아버립니다. 과연 어른들이 '믿고 있는' 행복이 진짜
아이들이 원하는 행복인지 궁금합니다. 그럼에도 오늘도 텔레비전에는
'영재', '유망주', '국민요정'이란 이름으로 슬픈 '애어른'들이 쏟아져 나옵니다.

국가는 모든 폭력으로부터 아동을 보호해야 합니다

세상에는 아동이 안전하게 보호받고 건강하게 자랄 권리를 침해하는 다양한 형태의 폭력이 있습니다. 유엔아동권리협약은 아동의 삶을 위협하는 여러 형태의 폭력에 대해 11조(불법해외이송), 21조(입양), 32조(아동노동), 33조(해로운 약물), 34조(성 착취), 35조(인신매매와 유괴), 38조(전쟁)로 각각의 조항을 두고 있습니다.

유엔아동권리위원회는 별도의 조항에 포함되지 않아 설명하지 않은 폭력을 '기타 모든 형태'라고 표현하면서 대표적인 예로 재능 있는 아동에 대한 폭력과 미디어로 인한 폭력, 실험 및 연구를 통한 폭력을 언급했습니다.

재능 있는 아동에게 일어나는 폭력은 연예계나 예술 분야에서 활동하는 아동들의 사례에서 볼 수 있습니다. 이 아동들은 어린 나이에도 장시간의 연습을 강요당하거나 과도한 활동을 요구받는 경우가 많습니다. 유엔아동권리위원회는 아동이 '자발적'인 선택을 했다는 이유로 신체적, 정신적 발달을 저해하는 방식으로 아동의 재능을 계발해서는 안 된다고 지적합니다.

'유엔아동폭력보고서'에 따르면 아동폭력은 복합적인 상황에 의해 발생합니다. 불평등한 부의 성장, 국제화, 이민, 도시화, 에이즈와 같은 건강의 위협, 기술 발전과 분쟁 등이 아동의 삶에 동시에 영향을 미치기 때문입니다.

우리나라만 보더라도 체벌에 관대한 가정, 왕따가 있는 교실, 아동 친화적이지 않은 법 제도, 열악한 아르바이트 환경, 폭력적인 텔레비전 프로그램, 선정적인 게임에 이르기까지 아동의 눈과 발이 닿는 모든 곳에 폭력과 착취의 위험이 도사리고 있습니다. 이는 아동에 대한 폭력이 단순히 개인만의 문제가 아니라는 걸 말해줍니다.

따라서 폭력으로부터 아동을 보호하기 위한 노력은 국가 수준에서 실천되어야 합니다. 폭력이 낳은 현상과 결과가 아니라 구조적 원인에 초점을 맞추고 경제적, 사회적 조건과 문화적 환경을 변화시키려는 근본적인 노력이 필요합니다.

아동폭력 연구 전문가인 파울로 세르지오 핀헤이로 유엔인권특별 보고관은 "아동은 '우리의 미래'라는 소리가 지겹다. 그들은 바로 지금 폭력이 없는 행복한 유년 시절을 원한다."고 말합니다.

아동폭력이 없는 세상은 바로 지금, 여기에 만들어져야 합니다.

[36조]

국가는 아동복지를 침해하는 기타 모든 형태의 폭력으로부터 아동을 보호해야 한다.

커다란 수갑은
어린 팔뚝에는 채워지지
않습니다.

☆ 37조 죄를 지은 아동의 보호

감금이나 처벌보다는 어떻게든 새 길을 찾아주세요

흔히 비행청소년이라 불리는 아이들 대부분은 처음부터
대단한 범죄를 저지르지 않습니다. 가벼운 범죄로 시작해서
점점 강력범죄로 발전합니다. 전문가들은 기계적으로
사법처리를 하다보면 교화할 시기를 놓친다는 점을
원인으로 꼽습니다. 게다가 부모에게 버림받거나 학대받은
아이들은 출소 후에 돌아갈 가정이 없습니다. 대안가정이나
아동보호치료시설, 보호소년대안학교들이 턱없이 부족해서
다시 소년원으로 돌려보낼 겁니다. 범죄에 빠질 만한 환경이
또다시 차곡차곡 만들어집니다. 아이들을 범죄자로 키우는
사회는 그리 멀리 있지 않습니다.

아동을 체포하거나 가두는 일은 최후의 수단입니다

세계 여러 나라가 협약 37조의 내용을 국내법에 반영하고 있지만, 지구촌 한쪽에서는 지금도 100만 명도 넘는 아동이 불법 감금 상태에 있습니다. 특히 파키스탄, 아프리카 등지에서는 거리의 아이들을 검거하여 보호소나 감옥에 구금하기도 합니다.

그러나 이 조항에서 명시하듯 아동에 대한 구금은 반드시 법률에 따라 행해야 합니다. 불가피한 경우라도 아동에 대한 구금은 오직 최후의 수단으로 선택되어야 하며, 최단 기간이어야 합니다. 특히 아동은 최상의 이익에 부합한다고 여겨지는 경우가 아니라면 반드시 성인과 격리 수용되어야 합니다. 자칫 아동이 잘못된 범죄습관을 아무런 여과 없이 그대로 배울 우려가 있고, 폭력과 학대를 당할 가능성도 크기 때문입니다.

현실은 어떤가요. 아동은 변호사를 선임할 능력이 없기 때문에 아무런 보호를 받을 수 없으며, 공정한 재판을 받기도 어렵습니다. 게다가 이 아이들 중 많은 아이들이 가정의 해체로 인해 성장과정에서 부모로부터 버림받거나 학대받은 상처를 안고 있습니다. 그런데 세상은 이 아이들을 가두고 처벌함으로써 새로운 삶을 꿈꾸고 시도할 기회조차 주지 않고 있습니다.

그래서 전문가들은 아동범죄의 경우 처벌보다는 예방이 우선이라고 강조합니다. 흔히 비행청소년이라고 불리는 아이들도 처음부터 대단한 범죄를 저질렀던 건 아닙니다. 장난이나 실수로, 또는 호기심에 가벼운 범죄에 가담했다가 사회적 냉대와 어른들의 무관심 속에서 점차 강력범죄에 발을 들여놓게 된 경우가 많습니다.

아동은 아직 자라는 과정에 있는 인격체이며 그 나이에 적합한 보호가 필요합니다. 어른들이 아동에게 미성숙하다는 이유로 권리를 제한하면서도 죄를 지은 아동에 대해서는 미성숙함을 고려하지 않는다면 이 또한 권리 침해입니다.

이 아이들을 범죄의 세계에서 벗어날 수 있게 해주기 위해서는 강력한 처벌과 사회적 냉대가 아닌 국가의 든든한 보호와 사회의 따뜻한 관심과 배려가 필요하다는 점을 기억해야 합니다.

[37조]

국가는 다음의 사항을 보장해야 한다.

가. 어떤 아동도 고문 또는 기타 잔혹하거나 비인간적이거나 굴욕적인 대우나 처벌을 받아서는 안 된다. 사형 또는 석방 가능성이 없는 종신형은 아동이 범한 범죄에 과해져서는 안 된다.

나. 어떤 아동도 위법적 또는 자의적으로 자유를 박탈당해서는 안 된다. 아동의 체포, 억류, 구금은 법에 의해 행해져야 하며, 오직 최후의 수단으로서 최단 기간 동안만 행해져야 한다.

다. 자유를 박탈당한 모든 아동은 인도주의와 인간 존엄성에 대한 존중에 입각해, 그리고 아동의 나이에 따른 필요를 고려해 처우 받아야 한다. 특히 자유를 박탈당한 모든 아동은 성인과 함께 수용되는 것이 아동 최상의 이익에 합치한다고 생각되는 경우를 제외하고는 성인으로부터 격리되어야 하며, 예외적인 경우를 제외하고는 서신과 방문을 통해 가족과의 접촉을 유지할 권리를 가진다.

라. 자유를 박탈당한 모든 아동은 법률적 지원 및 다른 적절한 지원에 신속하게 접근할 권리를 가짐은 물론 법원이나 기타 권한 있고 독립적이며 공정한 당국 앞에서 자신에 대한 자유박탈의 적법성에 이의를 제기하고 이러한 소송에 대해 신속한 결정을 받을 권리를 가진다.

그들은 모두 아동이었습니다.

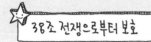

38조 전쟁으로부터 보호

전쟁은 어떤 일이 있어도 안 돼요!

우리나라도 전쟁에서 자유롭지 못합니다. 지금도 전쟁을
잠깐 쉬는 '휴전' 상황일 뿐입니다. 한국전쟁에서는
만18세도 안 된 아동들이 '학도병'이란 이름으로 싸웠으며
대부분 목숨을 잃었습니다. 또한 전쟁이 일어나면
여자나 아이처럼 약한 사람들이 가장 많은 피해를 입습니다.
전쟁이 끝나도 쉽게 고통에서 벗어나기 어렵습니다.
그러니 어떤 이유라도 전쟁은 없어야 합니다.
그게 전부입니다.

국가는 전쟁의 위험으로부터 아동을 보호할 의무가 있습니다

유엔이 발표한 전쟁이 아동에게 미치는 심각한 영향에 대한 연구 보고서(2000)에는 다음과 같은 내용이 담겨있습니다.

"아동이 전쟁의 참상을 겪도록 만든 건 우리들 자신이다. 권력과 욕심을 채우기 위해 아동을 희생시키는 일은 절대 용납될 수 없다."

그러나 지금도 세계 곳곳에서 여전히 많은 아동들이 전쟁에 동원되거나 전쟁으로 인한 피해를 겪고 있습니다. 전 세계적으로 어떤 이유로든 전투에 참여한 만 18세가 안 된 소년병사의 수는 약 30만 명이나 됩니다. 이들 중 대부분은 강제로 끌려가 총을 들지만 가난 때문에 배고픔에 못 이겨 스스로 총을 든 아동들도 있습니다.

이 조항은 무력분쟁의 영향을 받는 아동을 보호하기 위한 내용을 담고 있습니다. 협약은 만 15세 미만의 아동을 전쟁에 내보내서는 안 된다고 명시하고 있지만, 유엔아동권리위원회는 협약이 정한 아동의 범위에 따라 만 18세 미만의 아동도 징집해서는 안 된다고 지속적으로 강조하고 있습니다.

생사를 오가는 전쟁터에서 아동은 누구보다 약한 존재입니다. 그러다 보니 군인으로 참여했든 아니든 전쟁을 보고 경험한 것만으로도 커다란 충격을 받습니다.

우리나라도 전쟁을 겪었습니다. 그때 일본군 위안부로 전쟁터에 끌려간 소녀들과 학도병으로 참전한 소년들은 어른이 된 지금도 당시의 고통에서 벗어나지 못하고 있습니다.

오늘도 세계 곳곳에서 전쟁 소식이 들려옵니다. 그리고 수많은 아이들이 그 전쟁으로 고통을 겪고 있습니다.

"전쟁으로 피해 입은 아동이 다시 정상적인 생활을 누리고, 필요한 돌봄을 받으며 성장하도록 해야 한다. 아동을 기다리게 해서는 안 된다."

아이들이 일으킨 전쟁은 세상 어디에도 없지만 아이들의 삶을 파괴하지 않는 전쟁 역시 세상 어디에도 없습니다. 유엔보고서에 담긴 말 그대로 아동은 기다릴 수 없습니다.

지금 당장, 전쟁의 위험으로부터 아이들을 보호해야 합니다.

[38조]

1. 국가는 아동에게 관련 있는 무력분쟁에 있어서 적용 가능한 국제인도주의법의 규칙을 존중하고, 이러한 존중을 보장할 의무를 진다.

2. 국가는 만 15세 미만 아동이 적대행위에 직접 참여하지 않도록 보장하기 위해 실행가능한 모든 조치를 취해야 한다.

3. 국가는 만 15세 미만 아동의 징집을 삼가야 한다. 만 15세 이상 만 18세 미만 아동 중에서 징병하는 경우 최고 연장자에게 우선순위를 두도록 노력해야 한다.

4. 무력분쟁에 있어서 민간인 보호를 위한 국제인도주의법의 의무에 따라 국가는 무력분쟁의 영향을 받는 아동의 보호 및 배려를 확보하기 위해 실행가능한 모든 조치를 취해야 한다.

그들은 모두 아동이었습니다.

☆ 39조 상처 입은 아동 보호

육체적, 정신적으로 피해를 입었다면 국가가 나서서 끝까지 돌봐야 해요

2017년 7월, 일본군 위안부 피해자 김군자 할머니가
돌아가셨습니다. 정부에 등록된 피해자 238명 가운데
이제 37명만이 살아계십니다. 일본군 위안부 피해자라면
나이 든 어른이 떠오릅니다만 실제로는 만 18세가 되지 않은
아동들이 대부분이었습니다. 원치 않는 전쟁에서 큰 피해를
입은 소녀들이었습니다. 아무리 시간이 흘러도 국가가 나서서
위로하고 돌보고 보상해야 합니다. 전쟁을 일으킨 당사자로부터
진심어린 사과도 받아내야 합니다.
그래야 진짜 나라입니다.

국가는 상처 입은 아이의 몸과 마음이
회복될 수 있도록 도와야 합니다

폭력에 대한 가장 극단적인 저항 방식은 폭력입니다. 특히 어린 시절에 부모에게 버림받거나 착취, 학대, 폭력을 당한 경험은 아동에게 치유하기 어려운 후유증을 남기고 때로는 그 상처가 폭력으로 곪아터지기도 합니다.

사랑과 배려가 아니라 권위와 힘에 길들여진 아이, 훈육이라는 명목으로 모욕과 험담, 격리, 위협, 정서적 무관심에 노출된 아이는 억눌린 에너지를 꾹꾹 담아두기 마련입니다. 그러다 더 이상 담아둘 공간이 없을 때 공격적인 에너지와 분노, 억압된 긴장감이 반사회적 행동으로 나타납니다.

이런 아이들의 공격성은 자기보다 약한 아이를 괴롭히는 형태로 나타나고, 음주나 흡연, 게임에 중독된 채 생활을 방치하거나 자신을 함부로 대하는 모습으로 표현되기도 합니다.

특히 학대의 후유증은 무엇보다 또 다른 학대의 연결고리가 될 수 있다는 점에서 사회적 관심이 요구됩니다. 자신도 모르게 부모로부터 받은 학대를 자식에게 그대로 대물림하는 부모들이 많습니다. 실제로 최근 우리 사회 곳곳에서 드러나는 아동학대 사건의 가해자 부모들이 이러한 사실을 생생하게 말해주고 있습니다.

피해아동이 상처를 딛고 건강하게 회복되기까지는 삶 전반을 보듬는 긴 치유 과정이 필요합니다. 특히 부모로부터 아무런 보호와 지원을 받지 못하는 아동일수록 국가와 사회가 나서서 아동이 심리적, 정신적, 인격적 회복을 통해 건강한 사회구성원으로 살아갈 수 있도록 도와야 합니다. 이 조항에서 몸과 마음의 상처를 입은 아동이 건강하게 회복될 수 있도록 국가가 모든 조치를 다해야 한다고 명시한 이유가 여기에 있습니다.

또 아동에 대한 폭력은 개인이 속한 사회 환경이나 문화와 떼어놓고 생각할 수 없습니다. 따라서 피해아동에 대한 지원은 국가가 반드시 해야 하는 의무이며, 시혜적이고 한시적인 차원이 아닌 일반적이고 보편적인 복지 차원에서 이뤄져야 합니다.

모든 인간은 강함과 약함에 관계없이 존중받을 자격이 있고, 존중받고 자란 사람만이 다른 사람을 존중할 수 있습니다. 따라서 국가와 사회는 아동의 인권을 가치 있게 여기고, 이러한 의식을 아동의 모든 생활공간인 가정과 학교, 지역으로 넓혀나갈 수 있도록 행정적, 제도적 지원과 대책을 마련해야 합니다.

[39조]

국가는 모든 형태의 유기와 착취, 학대 또는 고문이나 기타 어떠한 형태의 잔혹하거나 비인간적이거나 굴욕적인 대우나 처벌 또는 무력분쟁으로 인해 상처 입은 아동의 신체적·심리적 회복 및 사회복귀를 촉진하기 위한 모든 적절한 조치를 취해야 한다. 이러한 회복과 복귀는 아동의 건강과 자기존중 그리고 존엄을 향상시키는 환경에서 이루어져야 한다.

⭐ 40조 공정한 재판과 대우

범죄를 저질렀다면 재판은 공정하게 받아야죠

우리 사회는 아동이 잘못하면 어른들이 나서서 가르쳐줘야 한다고
믿고 있습니다. 훈육한다며 욕하거나 때리기도 합니다. 아동은
어른보다 약하기 때문에 힘으로 누를 수 있습니다. 그래서
조금만 잘못해도 "조그만게 어른 말 안듣고 뭐하는 거야.
말 잘 들으면 집에 일찍 보내줄게. 안 그러면 혼날 줄 알아." 하며
다그치거나 윽박지르곤 합니다. 만약 협의라도 받으면
문제는 더 심각해집니다. 범죄 여부를 밝히려고 무리하게
수사하다가 아동에게 더 큰 피해를 입히기도 합니다.
물론 모든 아동이 죄를 짓지 않는건 아닙니다. 하지만 인권을
침해당하고 억울한 누명을 쓰는 건 막아야 합니다. 절차에 따라
공정하게 대우받아야 합니다.

범죄혐의를 받는 아동이라도 증언이나 자백을 강요받지 않아야 합니다

이 조항은 범죄혐의를 받고 있는 아동이 사건조사부터 최종판결에 이르기까지 사법절차의 전 과정에서 반드시 보호받아야 할 권리가 무엇인지와 그 권리를 보장하기 위해 필요한 여러 가지 제도적 장치에 대해 이야기합니다.

여기서 우리가 눈여겨보아야 할 것은 바로 아동에게 증언이나 자백을 강요해서는 안 된다는 내용입니다. 그동안 우리 사회에서 무리한 수사와 자백의 강요로 아동이 인권을 침해당하고 억울한 누명을 쓴 사례가 많았기 때문입니다.

모든 법적 절차에서 아동은 묵비권을 행사할 권리가 있습니다. 묵비권이란 말 그대로 묵묵히 숨길 권리 또는 침묵할 권리를 말합니다. 즉 자신에게 불리한 진술을 강요당하지 않을 권리입니다. 때로는 침묵이 자신을 변호해줄 가장 강력한 무기가 되기도 하니까요.

하지만 아동에게는 이러한 권리가 보장되지 않는 경우가 많습니다. 성인의 질문에 아동이 반드시 대답해야 한다는 사회적 인식이 강하게 형성된 나라일수록 더욱 그렇습니다. 당장 우리나라 학교만 하더라도 교사가 묻는 말에 학생이 대답하지 않으면 묵비권의 행사가 아니라, 반항이나 무례함으로 받아들여져서 더 큰 문제로 번지는 일이 많습니다.

그러니 범죄혐의를 받고 있는 아동이 묵비권을 행사할 경우에는 문제가 아주 심각해집니다. 수사과정에서 아동의 묵비권을 인정하느냐 마느냐의 여부를 떠나 무리한 자백의 강요로 아동의 권리를 심각하게 침해하는 일이 벌어지기 때문입니다.

　수사과정에서 아동의 연령과 발달 정도, 심문 시간을 고려하지 않으면 아동은 이해 부족, 예측 불가능한 결과나 구속될 수 있다는 두려움으로 인해 사실이 아닌 허위자백을 할 수 있습니다. 이는 '사실대로 이야기를 해주면 일찍 집에 보내줄게.'라는 우회적인 강요나 가벼운 제재 또는 보상을 아동에게 제시하면 더 가능성이 커질 수 있습니다.

　전문가들은 법조계를 대상으로 한 아동권리교육이 반드시 필요하고, 수사과정 또한 아동인권 친화적으로 진행돼야 한다고 말합니다. 모든 아동은 적법한 절차에 따라 공정하게 대우받을 권리가 있으니까요.

[40조]

1. 국가는 형사피의자나 형사피고인 또는 유죄로 인정받은 모든 아동에 대해 아동의 연령, 그리고 사회복귀와 사회에서의 건설적 역할 담당을 촉진하는 게 바람직하다는 점을 고려하고, 인권과 타인의 기본적 자유에 대한 아동의 존중심을 강화시키며, 존엄과 가치에 대한 아동의 자각을 촉진시키는 데 부합하도록 처우 받을 권리가 있음을 인정한다.

2. 이 목적을 위해 국제문서의 관련규정을 고려해 국가는 특히 다음 사항을 보장해야 한다.

   가. 모든 아동은 국내법이나 국제법에 의해 금지되지 않는 작위 또는 부작위를 이유로 형사피의자가 되거나 형사기소 되거나 유죄로 인정받지 않는다.

   나. 형사피의자나 형사피고인이 된 모든 아동은 최소한 다음 사항을 보장받는다.

(1) 법률에 따라 유죄가 입증될 때까지 무죄로 추정 받는다.

(2) 피의사실을 신속하게 그리고 직접 또는 적절한 경우 부모나 법정후견인을 통해 통지받으며, 변론 준비와 제출 시 법률적 또는 기타 적절한 지원을 받는다.

(3) 권한 있고 독립적이며 공평한 기관이나 사법기관에 의해 법률적 또는 기타 적절한 지원 하에 법에 따른 공정한 심리를 받아 지체 없이 사건이 판결되어야 하며, 판결 시에는 아동 최상의 이익이 아니라고 판단되지 않는 한 특히 아동의 나이나 주변 환경, 부모나 법정후견인 등을 고려해야 한다.

(4) 증언이나 유죄의 자백을 강요당하지 않으며, 자신에게 불리한 증인을 심문하거나 심문 받도록 하며, 대등한 조건 하에 자신을 위한 증인의 출석과 심문을 확보한다.

(5) 형법 위반으로 간주되는 경우, 그 결정 및 그에 따라 부과된 모든 조치는 법률에 따라 권한 있고 독립적이며 공정한 상급당국이나 사법기관에 의해 심사되어야 한다.

(6) 아동이 사용되는 언어를 이해하지 못하거나 말하지 못하는 경우, 무료로 통역원의 지원을 받는다.

(7) 사법절차의 모든 단계에서 아동의 사생활은 충분히 존중되어야 한다.

3. 국가는 형사피의자, 형사피고인 또는 유죄로 인정받은 아동에게 특별히 적용될 수 있는 법률과 절차, 기관 및 기구의 설립을 촉진하도록 노력하며, 특히 다음 사항을 노력해야 한다.

가. 형법위반능력이 없다고 추정되는 최저 연령의 설정

나. 적절하고 바람직한 경우, 인권과 법적 보장이 완전히 존중된다는 조건 하에서 이러한 아동을 사법절차에 의하지 않고 다루기 위한 조치

4. 아동복지에 적절하고, 아동의 여건 및 범행에 비례한 처우를 보장하기 위한 보호 지도 및 감독명령, 상담, 보호관찰, 보호양육, 교육과 직업훈련계획 및 제도적 보호에 대한 여타 대체방안 등 여러 가지 처분이 이용 가능해야 한다.

"우리는 이 세계의 아동들이에요.
우리의 배경은 다양하지만,
우리는 같은 현실에 놓여 있어요.
우리는 이 세상이 모든 사람에게
더 좋은 곳이 되게 만들려는 투쟁으로 뭉쳤어요.
어른들은 우리 아동을 '미래'라고 부르지만,
우리는 또한 '현재'랍니다."

아이들에게 꼭 맞는 세상 A World Fit for Children

우리는 세상의 아이들이에요.

우리는 착취와 학대의 피해자고,

우리는 거리의 아이들이고,

우리는 전쟁을 겪는 아이들이고,

우리는 인간 면역결핍 바이러스와 에이즈로 인한 피해자와 고아이며,

우리는 양질의 교육과 의료 혜택을 받을 수 없고,

우리는 정치·경제·문화·종교·환경 차별의 피해자예요.

그런데 우리의 목소리를 들으려 하지 않아요.

이제 우리 아이들을 고려해야만 할 때예요.

우리는 아이들에게 꼭 맞는 세상을 원해요. 우리 아이들에게 꼭 맞는 세
상은 모든 사람에게도 꼭 맞는 세상일 테니까요.

이 세상에서, 우리는 아동의 권리 존중을 생각해요.

- 정부와 어른은 아동의 권리 원칙을 실질적이고 효과적으로 실천하겠다고 약속하고, 유엔아동권리협약을 모든 아동에게 적용해야 해요.
- 가족과 지역 사회와 국가는 아동에게 안전하고 안심되며, 건강한 환경을 마련해야 해요.

우리는 착취와 학대와 폭력이 사라지는 걸 생각해요.

- 착취와 학대로부터 아동을 보호하는 법률을 실행하고, 모든 사람이 그 법을 지키게 해요.
- 착취와 학대로 상처받은 아동이 삶을 추스르도록 돕는 센터와 프로그램을 만들어야 해요.

우리는 전쟁의 끝을 생각해요.

- 세계 지도자들은 무력을 쓰는 대신에 평화로운 대화로 갈등을 해결해야 해요.
- 아동 난민과 전쟁으로 피해를 입은 아동은 모든 방법을 동원해 보호하고, 다른 아동과 동등한 기회를 누릴 수 있어야 해요.
- 군축을 하고, 무기를 거래하지 말고, 아동을 군인으로 내보내지 말아야 해요.

우리는 의료 혜택의 제공을 생각해요.

- 모든 아동은 생명을 구하는 데 필요한 의약품과 치료를 감당할만한 비용으로 이용할 수 있어야 해요.

- 아동의 건강을 증진하기 위해 모든 사람은 강력하고 책임 있는 협력 관계를 맺어야 해요.

우리는 인간 면역결핍 바이러스와 에이즈가 사라지는 걸 생각해요.
- 감염을 예방하기 위한 프로그램을 교육할 시스템이 있어야 해요.
- 무료로 검사하고, 상담할 수 있는 센터가 있어야 해요.
- 인간 면역결핍 바이러스와 에이즈에 관한 정보가 있어 누구나 자유롭게 이용할 수 있어야 해요.
- 인간 면역결핍 바이러스와 에이즈에 감염된 아동은 돌봄을 받아야 하고, 다른 모든 아동과 동등한 기회를 누려야 해요.

우리는 환경 보호를 생각해요.
- 자연자원을 보존하고 구해야 해요.
- 아동이 성장하려면 건강하고 좋은 환경에서 살 필요가 있다는 걸 알아야 해요.
- 특별한 보호가 필요한 아동이 접근할 수 있는 환경이 있어야 해요.

우리는 빈곤의 악순환을 끝내야 한다고 생각해요.
- 투명하게 지출하고, 모든 아동의 필요에 관심을 기울이는 빈곤퇴치위원회가 있어야 해요.
- 아동의 발전을 방해하는 부채를 없애야 해요.

우리는 교육을 생각해요.
- 무료이면서 의무적인 좋은 질의 교육에 동등한 기회를 갖고 접근할
  수 있어야 해요.
- 학교는 아동이 배우는 것에 행복을 느낄 수 있는 환경을 갖춰야 해요.
- 평생에 걸친 교육은 학문적인 것만이 아니라, 상호 이해, 인권, 평화,
  타인에 대한 수용과 능동적인 시민이 되는 것을 포함해야 해요.

우리는 아동의 능동적인 참여를 생각해요.
- 모든 연령의 사람이 유엔아동권리협약에 담긴 정신처럼 완전하고 의
  미 있는 참여에 대한 모든 아동의 권리를 제대로 생각하고 존중해야
  해요.
- 아동은 자신의 권리에 영향을 미치는 모든 문제에서 모든 단계의 의
  사결정에 그리고 그런 일을 계획하고, 실천하고, 점검하고, 평가하는
  일에 능동적으로 참여할 수 있어야 해요.

우리는 아동의 권리를 위한 투쟁에서 동등한 협력 관계를 약속해요.
어른이 아동의 편에서 취하는 행동들을 지지할 것을 약속해요.
또한 우리 아동들이 취하는 행동에 대한 어른의 헌신과 지원을 원해요.
세계의 아동이 오해받고 있잖아요.

우리는 골칫덩어리(문제의 근원)가 아니라 문제를 해결하는 데 필요한 열쇠(해결의 자원)예요. 우리는 단지 어린 사람들이 아니라 이 세상의 인민이고 시민이에요.

다른 사람들이 우리들에 대한 책임을 받아들일 때까지 우리는 우리의 권리를 위해 싸울 거예요. 우리에겐 의지가 있고, 지식과 감수성과 헌신이 있어요.
우리는 약속해요. 우리는 어른들과 같은 열정을 가지고 지금 아동으로서 우리가 가지고 있는 우리의 권리를 지킬 거예요.
우리는 약속해요, 한 사람 한 사람을 존엄성을 가진 존재로 존중하면서 대할 것을요.
우리는 약속해요, 우리의 다름에 대해 열려 있는 신중한 태도를 가질 것을요.

우리는 이 세계의 아동들이에요.
우리의 배경은 다양하지만, 우리는 같은 현실에 놓여 있어요.
우리는 이 세상이 모든 사람에게 더 좋은 곳이 되게 만들려는 투쟁으로 뭉쳤어요.
어른들은 우리 아동을 '미래'라고 부르지만, 우리는 또한 '현재'랍니다.

- 2002년 유엔아동특별총회에 참석한 만 18세 미만 대표자 회의 결의안
《인권을 외치다》(류은숙 지음, 푸른숲, 2009)에서 인용

우리의 권리를 지켜주세요!

고예원 초등학교 5학년

어른들은 저희가 "놀아주세요."라고 말을 하면 무시하고 손님을 받거나,
일해야 하거나, 또는 피곤해서 자야 한다고 말을 합니다. 놀이공간도 없
고 놀아줄 사람도 없는 우리 아이들은 놀 권리를 침해당하고 있습니다.
우리의 권리를 지켜주세요. 어른들의 한 마디, 아이들의 한 마디 이렇게
많고 많은 의견들이 모이면 놀이가 필요한 아이들에게 희망이 생깁니
다. 아동의 놀 권리를 찾아주세요.

권용재 초등학교 4학년

대통령이 자신의 일을 하듯이 아동으로서 우리도 해야 할 일이 있어요.
우리의 일이란 바로 슬기롭고 즐겁고 행복하게 사는 것이에요. 그러니
우리의 권리를 알아가며, 착하고 멋진 사람이 되어 봐요.

김가영 중학교 3학년

유엔아동권리협약은 아동이 성장해가면서 필요한 모든 것을 지켜주고 도와주는 제2의 부모님이라고 생각한다. 왜냐하면 유엔아동권리협약은 아동에 대한 기본적인 권리를 보호할 뿐만 아니라 존엄성을 인정해주는 것이다. 이것으로 인해 아동이 보호받고 기회를 얻을 수 있도록 도와주기 때문이다.

아동권리는 아동이 부족한 점을 채워주는 선생님 같다. 왜냐하면 아동권리는 보통 아동이 가진 권리이자 자신, 자신의 부족한 것, 부모와의 관계를 지켜주고 나아가야 할 진로를 찾도록 도와주기 때문이다.

김경은 초등학교 6학년

안녕하세요. 저는 '놀 권리를 찾아주세요!'라는 캠페인을 하고 있는 한 아이입니다. 요즘엔 놀 공간과 같이 편하게 놀 수 있는 사람들이 없어서 저의 권리를 침해당하고 있습니다. 이 작은 의견이 이 책에 쓰여서 우리들의 권리를 되찾고 해맑게 웃는 날들이 많아졌으면 합니다.

김백민 초등학교 4학년

아이들에게는 놀 권리가 있어요. 하지만 지금 아이들은 놀 공간이 없어 주차장, 방파제 등 위험한 곳에서 놀다가 많이 다치고 있어요. 아이들이 놀 수 있는 공간을 많이 만들어서 아동의 권리를 보호해주세요.

김용하 중학교 2학년

유엔아동권리협약은 아동들에게 꼭 필요하다. 과거에는 아동의 인권이 무시당하는 일이 많았다. 다시는 그런 일이 일어나지 않으려면 유엔아동권리협약이 꼭 있어야 한다고 생각한다.

신호용 중학교 3학년

내가 생각하는 아동권리협약이란? 만두다! 배려라는 고기 속을 넣고, 관심이라는 두부를 넣고, 약속이라는 부추와 당면을 넣어 속을 완성한 다음, 보호라는 만두피로 속을 감싸고, 사랑이라는 기름을 칠해 빚은 만두를 기쁨의 마음으로 먹는 것이라고 생각한다.

이지훈 중학교 3학년

내가 생각하는 유엔아동권리협약이란, 아동들을 지키고 보호하는 울타리 같은 약속이다.

내가 생각하는 아동권리란, 아동들이 자신들이 원하는 것을 이루어내는 것이다.

이서린 초등학교 6학년
아동권리는 아동이 건강하게 자라는 데 꼭 필요한 존재라고 생각합니다. 그렇기 때문에 어른들이 아동의 권리를 잘 지켜주시면 좋겠습니다.

이승아 초등학교 6학년
아이들에게도 권리가 있습니다. 아이들이 더 이상 억압받지 않고 자유롭게 자랄 수 있도록 아이들의 권리를 지켜주세요.

이연지 중학교 3학년
아동의 권리를 지킨다는 건, 아동이 만족하는 삶을 살게 해준다는 의미이다. 유엔아동권리협약을 지킨다는 것은 바로 이 약속을 지킨다는 의미이다.

이효림 초등학교 6학년
유엔아동권리협약은 아이들의 '행복'을 약속해요. 하지만 지금 아이들은 별로 행복하지 않은 것 같아요. 아이들이 행복을 되찾을 수 있도록 아동의 권리를 지켜주세요.

정다영 중학교 3학년

아동의 권리를 지켜주는 일을 어렵게 생각하지 말자. 아이들이 친구들
과 놀 수 있게 해주고, 맛있는 밥을 먹을 수 있게 해주고, 잘한 일이 있
으면 칭찬해주는 소소한 일도 아동의 권리를 지켜주는 첫걸음이다.

정재민 초등학교 5학년

유엔아동권리협약은요, 우리를 지켜줘요.

유엔아동권리협약은요, 따뜻한 존재예요.

유엔아동권리협약은요, 신이 만든 것처럼 신기해요.

유엔아동권리협약은요, 우리 주변에서 우릴 보호해줘요.

결론은요, 유엔아동권리협약은 없어선 안 될 존재예요.

조영서 초등학교 6학년

우리에겐 많은 권리가 있어요. 하지만 지켜지는 것은 많이 없어요. 그
러니 우리의 모든 권리를 지켜주시고, 더욱 많은 나라가 아동권리를 지
키게 해주세요.

- 초록우산 어린이재단 경북지역본부 아동옹호센터 아동들의 글

유엔아동권리협약을 만나다

ⓒ 2017, 밥장

글·그림	밥장
펴낸이	곽미순
펴낸곳	한울림

기획	이미혜
편집	윤도경 윤소라 이은파 박미화 김주연
디자인	김민서 이순영
마케팅	공태훈 윤재영
경영지원	김영석

출판등록	1980년 2월 14일 (제2021-000318호)
주소	서울특별시 마포구 희우정로16길 21
대표전화	02-2635-1400	팩스 02-2635-1415
블로그	blog.naver.com/hanulimkids
페이스북	www.facebook.com/hanulimpub
인스타그램	www.instagram.com/hanulimkids

첫판 1쇄 펴낸날 2017년 11월 10일
　　3쇄 펴낸날 2022년 3월 24일

ISBN 978-89-5827-078-2 03330